规则之治

——晏婴小学基于规则的学校变革之路

孙镜峰 李文强 等 著

开明出版社

图书在版编目（CIP）数据

规则之治：晏婴小学基于规则的学校变革之路 / 孙镜峰，李文强著. —北京：开明出版社，2020.12

ISBN 978-7-5131-5562-5

Ⅰ. ①规… Ⅱ. ①孙… ②李… Ⅲ. ①小学教育–教育研究–临淄区 Ⅳ. ①G622. 0

中国版本图书馆 CIP 数据核字（2020）第 236406 号

责任编辑：王 拓

书名： 规则之治：晏婴小学基于规则的学校变革之路
出版： 开明出版社（北京海淀区西三环北路 25 号 邮编 100089）
经销： 全国新华书店
印刷： 保定市中画美凯印刷有限公司
开本： 787mm×1092mm 1/16
印张： 14. 5
字数： 168 千字
版次： 2020 年 12 月 北京第 1 版
印次： 2020 年 12 月 北京第 1 次印刷
定价： 43. 50 元

印刷、装订质量问题，出版社负责调换货 联系电话：（010）88817647

序

　　党的十八届三中全会确立了推进国家治理体系和治理能力现代化的改革目标。党的十九大报告再次强调：新时代中国特色社会主义全面深化改革总目标是完善和发展中国特色社会主义制度、推进国家治理体系和治理能力现代化。推进国家治理体系和治理能力现代化，其重点就是要形成一套适合我国国情和促进国家发展的制度体系。所以，有人说，"制度现代化"是我国四个现代化之后的"第五个现代化"。

　　古人云："小智治事，中智治人，大智立制。"大到治理一个国家，小到治理一所学校，制度是起根本性、全局性、长远性作用的。中国之所以能实现经济快速发展和社会长期稳定，靠的就是制度。在这一意义上，"中国之治"本质上就是"制度之治"，无论是国家治理，还是学校治理，都是这个道理。推进学校治理现代化是新时代中国特色社会主义教育治理现代化的必然要求。《国家中长期教育改革和发展规划纲要（2010—2020 年）》明确提出要"建设依法办学、自主管理、民主监督、社会参与的现代学校制度"，为推进现代教育治理体系建设指明了方向。

　　从本质上讲，所谓制度就是调节各种行为主体和各种利益主体之间关系的准则。就现代学校制度来讲，其行为主体和利益主体包括政府、学校和社会（包括家庭），建立现代学校制度，推进学校治理现代化，要正确处理三大关系：一是学校和政府的关系；二是学校和社会（社区包括家庭）的关系；三是学校内部关系。学校和教师的关系、学校和学生的关系、学校和家长的关系可以说是学校内部的三大关系，这也是现代学校治理需要处理好的三大核心关系。想要处理好这三大关系，就要将教师、学生、家长这三大利益主体纳入到学校治理主体中来。学校治理方式的确认必须得到这三大利益主体的广泛认同和切实遵循。山东省淄博市临淄区晏婴小学的"规则之治"，就是这种现代学校治理方式的有益探索。

晏婴小学是当地政府投入巨资建设的一所高标准的现代化小学。当地政府对晏婴小学的定位就是要建成高质量、有特色、品牌化的高品质学校。面对自身管理经验不足、师资弱、生源差、办学目标定位又高的实际情况，晏婴小学孙镜峰校长认识到，每名教师、家长和学生都是学校的利益相关者，让他们从"被管理者"转换为"管理者"和学校规则的制定者，才能汇聚他们的力量和智慧，充分发挥他们的积极性和创造性，让他们发自内心地爱护这所学校，支持这所学校。因而，推行"规则之治"成为当然选择，以规则之治撬动、引领学校变革，走出了一条崭新的的治校之道、办学之道和发展之道。

规则之治，首先是法治之治。依法治校是现代学校制度建设的基本要求，规则之治则是法治思维的具体体现。校长在学校党组织的领导下，建立学校内部管理的系列规章制度，完善学校内部运行机制，事事处处有章可循，实现学校各项事务的良性运转。

规则之治也是民主之治。治理的一个重要理念便是协商，在传统管理理念中，决策者单方享有决策权力，而民主参与的协商机制有助于促进决策的民主化进程，进而减少决策推行的阻力。晏婴小学的规则之治，在尊重每一位被管理者的前提下，让被管理者成为规则的制定者、执行者和评价者，可以充分激发被管理者的主动性和创造性，充分激发每名被管理者的潜能。

规则之治更是人文之治。规则之治的核心文化是以人为本，是服务于教师发展和学生成长。因此，规则不能是冷冰冰的，应该是有温度的。譬如，《晏婴小学教职工考勤办法》一方面对学校教职工考勤办法作了严格的规定，另一方面又作了人性化的"处理"：对因遇到恶劣天气、家人生病等意外情况造成的上班迟到现象不纳入考核范围，相关教师只做简单的情况说明就可以了。如此小调整，却大大提升了教职工的归属感和幸福感。

规则之治的根本价值在于育人之治。规则的核心教育价值是解放人、激励人、成就人。立德树人是学校教育的初心与使命，学校承担着培养社会主义事业建设者和接班人的重要责任，晏婴小学在规则的制定、完善、执行、优化过程中，恪守自由、平等、公正、法治、诚信、敬业、友善等社会主义价值观，实现制度育人、规则育人。

晏婴小学的"规则之治"，是现代学校治理方式改革的有益探索，为中小学学校治理体系和治理能力现代化提供了一个可资借鉴的范本。当然，晏婴小学的探索还有许多值得丰富完善的地方，期待他们在教育教学实践中，进一步提高学校制度建设质量、规范和制约管理权力运行、推动基层民主建设、优化权利保障和救济机制，增强运用法治思维解决学校改革发展中突出矛盾和问题的能力，全面提高学校治理能力和水平；进一步落实师生的主体地位，特别是在学生参与学校治理方面补齐短板和弱项，大力提高自律意识、服务意识，依法落实和保障师生的知情权、参与权、表达权和监督权，建设法治校园、民主校园、和谐校园。

王磊

2020.12.8 于北京

目　录

导　语

以规则之治撬动学校变革

一、规则之治的缘起

本人从 2010 年 7 月开始担任山东省淄博市临淄区晏婴小学校长。晏婴小学是一所新建学校，本人是这所学校的首任校长。开学之初，当时迫切需要我这位"新手"校长解决以下问题：

1. 从校长层面讲，办一所什么样的学校？我 1990 年参加教育工作，最初在当地一所农村小学任教五年，后经选拔进入临淄区教育局工作，在机关辗转任职四个科室，工作时间长达十余年，后受组织安排担任临淄区晏婴小学书记、校长。也就是说，本人在担任晏婴小学校长以前，只有时间不长的学校教学经历，没有担任任何学校的中层干部或副校长。作为一位缺乏学校管理经验的"不太合适"的校长，要办一所什么样的学校呢？我认为，这所学校应具有民主氛围、宽松环境和创新精神，它应是启迪学生智慧的乐园、激励教师成长的平台。只有这样，师生个性才会得以张扬，师生才能够得以共同成长。但是我十分清晰地知道，自身工作经历决定了办学经验和管理经验的严重欠缺，自己必须正视不足。这就更需要尊重每名校干和教师，更需要激发调动起每名校干和教师的积极性和创造性，更需要发挥每名校干和教师的优势和特长，更需要我突破自身的旧有局限，打破常规，从顶层设计学校的办学目标和管理理念时，不是将每名校干和教师当成从属和部下，而是要使其成为办学的同志和战友。唯有如此，才能凝聚每名校干、教师的精神和力量，才能发挥每名校干、教师的智慧和才能，为达成办学目标而共同努力。

2. 从教师层面讲，我们需要一支怎样的教师队伍？晏婴小学成立之初只有45名教职工。这些教师全部由教育主管部门从当地的农村小学抽调而来，这些教师呈现"老弱病"三个特点。一是年龄老化严重。全体教师平均年龄42.7岁，有11名教师在50岁以上，已经接近退休年龄。二是教学能力弱。这些教师来自于当地十余所农村学校，对自身的工作要求不高，工作没状态、没目标、没干劲，普遍存在较严重的职业倦怠现象。同时，教师学历水平低，缺乏专业素养，教学理念较为落后，教学内容碎片化，教学方式随意化，照本宣科，机械灌输。三是生病教师多。教师一到晏婴小学报到，就有数名教师提出自身有腰椎病、颈椎病、冠心病，不能承担教学任务。作为一所新建学校，迫切需要一支年富力强，具有先进的教学理念、扎实的教学专业素养和富有改革创新精神的教师队伍。但从实际情况来看，现有的教师群体委实难以达到这些要求，并且距离期望值差距很大。对一名校长来讲，谁不希望有一支高素质的教师队伍？但哪些教师到学校任教不是校长能够决定的。校长所能做的就是将当下这些教师培养好、发展好、使用好，激发起这些教师的内驱力和积极性，凝聚起这些教师的力量为共同的办学目标而努力。这一系列问题的解决，仅靠传统的被动式的管理方式，必将难以达到理想的管理效果，必将难以触动教师的心灵，学校的发展也必将举步维艰。这就迫切需要打破旧有的管理方式和管理制度，使之能触动教师、激励教师、赋能教师。

只有这样，教师才有动力和活力，才能撬动学校变革，办学目标才能实现。

3. 从学生层面讲，我们要培养什么样的学生？如何实现这一育人目标？晏婴小学的生源是这样的：一是学校周边村居的适龄儿童，学校所处位置原本就是农田，这些生源都是来自农村；二是来自一所城中村撤并小学的学生，这些学生中本地村居的孩子已经很少，80%以上是外地务工人员的子女；三是学校周边新建小区住户的孩子，这些学生也基本都是来自当地农村的孩子。这些农村孩子虽然家庭条件一般，但这些家庭的孩子更需要更渴望接受优质的教育，期待教育能够给他们一个美好的未来。作为一所新建学校，究竟要培养什么样的学生呢？经过学校组织面向全体教师、家长和学生的调查，最后凝结成为晏婴小学的育人目标：身体健康、思维活跃、习惯良好、讲究规则。要达成这样的育人目标，不仅需要学校为这些学生提供优质的基础条件和课程资源，而且要使这些学生的个性得到尊重和张扬，激发起这些学生的成长欲望和对美好未来的向往。

4. 从学校层面讲，如何达成建设高品质学校的责任和使命？晏婴小学是当地政府投入巨资建设的一所高标准的现代化小学，无论是学校建设的规模、建设的标准、设施的配备都是在当时当地最好的。当地政府对晏婴小学的定位就是要建成高质量、有特色、品牌化的高品质学校。如果按照传统的办学思路，跟在别的学校后面邯郸学步、亦步亦趋，势必无法达成将晏婴小学办成高品质学校的目标。作为学校的领头人，只有打破旧的思想束缚，学习先进的办学理念，努力凝聚起全校教师、家长和学生的智慧和力量，先行先试，勇于改革，才有可能完成建设高品质学校的使命。

正是由于以上原因，面对自身管理经验不足、师资弱、生源差、办学目标定位又高的实际情况，作为晏婴小学的校长，我清晰地认识到，办学成功的关键在于一校之长能否打破思维惯性和视野局限，高起点地设计学校的治理模式；关键在于能否凝聚人心，人人为实现办学目标而共同努力；关键在于能否打破旧有的办学模式，另辟蹊径，走出一条与众不同且富有成效的办学之路。因此，让每名教师、家长和学生成为教育的利益相关者和规则制定者，汇聚他们的力量和智慧，充分发挥他们的积极性和创造性，让他们发自内心地爱护这所学校，支持这所学校，那么，推行规则之治就成为我的必然选择，成为我的治校之道、办学之道和学校发展之道。

二、规则之治的内涵与价值

（一）什么是规则

规则起源于人类的生产活动和社会交往。关于规则，伟大思想家恩格斯作了这样的阐述："在社会发展某个很早的阶段，产生了这样一种需要：把每天重复着的生产、分配和交换产品的行为用一个共同规则概括起来，借以使个人服从生产和交换的共同条件。这个规则首先表现为习惯，不久便成了法律。"社会成员对规则的认同与遵守，取决于社会成员的规则意识，而社会成员的规则意识不是与生俱来的，也就是说规则意识需要培育。这就需要建立社会成员规则意识培育的有效机制。而学校作为培养人的主要场所，承担着培育学生规则意识的使命和任务，这就需要牢牢抓住青少年，因为青少年是国家的未来和民族的希望，规则意识培育必须从青少年抓起。只有作为未来社会成员的学生时刻将规则"镌刻于心"，树立规则意识，提升规则素养，才会在全社会形成良好规则氛围和规则行为习惯，才能维护社会的正常秩序，从而保证个人的自由全面发展。当然，规则是有好坏之分的。好的规则可以解放人、激励人、成就人，给人正能量，促进人的成长；而坏的规则会限制人、束缚人、颓废人，给人负能量，导致人丧失发展欲望。

（二）规则之治的内涵

规则之治的内涵是以学校的规则制定为学校治理的手段，充分调动和激发每名教育利益相关者（教师、家长和学生）的积极性和创造性，将学校治理规则的话语权、制定权、修改权交给教师、家长和学生，让每名教育利益相关者都成为教育的主人，充分发挥其内驱力、凝聚力、创造力，提升教育质量，促进学校发展，提升学生素质。

规则之治与传统的学校制度建设具有明显不同。规则之治是让每名教育利益相关者成为制定规则的主体，他们是主动的，从而会生发出强大的生命力；而传统的学校制度建设是强迫式的，教师、家长和学生难以成为教育利益相关者，他们是被动的，从而会逐渐消磨前行的动力。

从教师角度讲，规则之治成为教师专业发展的动力源。教师是规则之治的主力军。推进规则之治的过程，就是教师从被动应付到主动发展的过程，就是教师反客为主的过程，就是教师释放潜能的过程，就是教师专业成长的过程。

从学生角度讲，规则之治促进学生自主管理和全面成长。学生是规则之治的生力军。推进规则之治的过程，就是学生由规则的被动接受者转变为规则制定者的过程。学生参与规则制定的过程就是学生成长的过程，就是育人的过程。规则之治以尊重学生为前提，以学生为主体，让学生站在规则制定的正中央。这样的规则，才是让学生走心的规则，才更容易被学生所接受。

从家长角度讲，规则之治促使家长成为学校教育的重要补充。家长是规则之治的后援队和同盟军。推进规则之治的过程，就是家长深入理解学校办学思想的过程，就是家长深度融入学校教育的过程，就是引领家长由教育的旁观者到教育参与者的过程。

（三）规则之治的教育价值

规则之治，是在尊重每名被管理者的前提下，让被管理者成为规则的制定者、执行者和评价者，充分激发被管理者的主动性和创造性，充分激发每名被管理者的潜能。规则之治的核心文化是以人为本，核心教育价值是解放人、激励人、成就人。

1. 规则之治可以解放人

规则之治实现了由传统管理模式的约束人到解放人的转变。传统的管理模式以被管理者服从为目标，久而久之，被管理者的主动性和创造性被抹杀。而规则之治是在尊重被管理者的前提下，解放其思想，释放其潜能，迸发出连其本人都想象不到的动力和能量。更关键的是，晏婴小学推行规则之治，解放的不是某位教师或某部分教师的思想，释放的也不是某位教师或某部分教师的潜能，而是面向全体教职工。这样就在学校内形成了一个蓬勃向上、你追我赶的整体氛围。这样的氛围，对教师队伍的群体性成长具有重要价值和作用。仅用五年左右时间，晏婴小学的师资由一支由农村教师为主的教师队伍转变为具有课程观的优秀教师群体，引领教师走上专业化成长之路。在全校 103 名教师中，涌现出山东省特级教师 1 名，齐鲁名师 1 名，山东省教学能手 1 名，省级兼职教研员 1 名，山东省教科院特聘专家 3 名，淄博市特级教师 2 名，淄博市名师 3 名，淄博市学科带头人、市级教学能手、市级骨干教师 18 名，另有临淄区名师、区学科带头人、区教学能手、区教学新秀、区优秀青年教师等 34 人，省、市、区三级优秀教师共计 54 名，占全校教职工总数的一半以上。

2. 规则之治可以激励人

规则之治实现了由传统管理模式的抑制人到激励人的转变。传统的管理模式抑制人的个性，倡导听话，而规则之治则是激发被管理者的个性和发展欲望，在管理者的眼中，人人皆人才，人人尽其才。任何一所学校都有一套相对完善的教师考核办法。一套好的考核办法具有规范作用、引导作用和激励作用。但随着课程改革的逐步深入，我们发现旧的考核办法越来越成为制约改革的桎梏，在这种情况下，就需要对考核办法"动手术"，让考核办法适应课程改革的需要，充分发挥其引领作用和激励作用，从而促进课程改革的深入实施。原先的《晏婴小学教师考核办法》重点对教师的师德、考勤、教学常规要求和班主任考核等方面作了较为细致的量化要求，改进之后，由课程整合教师负责起草、制定了《晏婴小学课程整合教师考核规则》。由课程整合教师自己制定考核自己的办法，会更符合课程整合实际，更能激发调动课程整合教师的积极性。当然，由课程整合教师负责制定《晏婴小学课程整合教师考核规则》，仍然离不了校长和专家的积极引导，这样形成的考核办法才更具科学性、合理性和创造性。《晏婴小学课程整合教师考核规则》充分体现"两不两看"：不看课程整合教师参与了几次研讨活动，而是看课程整合教师由被动应付转变为主动研究；不看课程整合教师设计课程的数量，而是看课程整合教师课程设计方案入选学校优质课程资源库的数量，引导课程整合教师由注重数量转变为注重质量。这样，大大激发了每名课程整合教师的积极性和创造性。通过修改教师考核办法，拆除了制约教师发展的"天花板"，不仅引导教师积极参与课程改革，更重要的是使其全身心投入对课程改革的研究之中。

3. 规则之治可以成就人

规则之治实现了由传统管理模式的使用人到成就人的转变。传统的管理模式中，被管理者在管理者的眼里更多是工作者，以完成工作任务为主要目标。而规则之治则是既使用人，同时又培养人、成就人。英语教师边春霞在参与课程改革过程中，认真研究比较不同国家和地区的英语课程标准。经过研究，她认识到，我国的《义务教育英语课程标准（2011年版）》的突出特点是语言技能、知识、情感态度、学习策略和文化意识；上海市的小学英语课程标准的重点则是情感态度与语言能力；我国香港与英国的英语课程标准则重在人际交流、知识和经验。在对中外基础教育阶段英语课程标准进行研究比较后，她发现国家与上海的英语课程标准尽管已有较大改进，可将其放在国际大环境下，与其他国家的英语课程标准进行比较，还是有不少需要完善的地方。她认为，应当确保课程标准的设计能够体现其提倡的课程理念，进一步界定英语语言能力，清楚地描述语言学习者的行为目标，以及确认英语语言能力水平等级的理论支撑。有了这些研究经历，边春霞老师在进行英语课程整合的时候，就可以站在更高的视点上来思考课程标准，构建属于自己的阶梯英语课程。边春霞老师说，正是由于学校推行规则之治，作为一名普通教师的自己具有了话语权、规则制定权，释放了连自己都意想不到的巨大潜能，以前从不敢想自己作为一名普通的小学英语教师可以进行专业教学研究，还开发出了更适合中国孩子的阶梯英语课程。

（四）规则的温度与弹性

好的规则是有温度的。好的规则要发挥好对教师教育教学行为的规范作用和促进作用，但它并不是冷冰冰的，其应是有温度的。晏婴小学在充分发挥教职工集体智慧的基础上，形成了《晏婴小学教职工考勤办法》，学校一方面严格落实考勤办法，另一方面又做了人性化的"处理"：对因遇到恶劣天气、家人生病等意外情况造成的上班迟到现象不纳入考核范围，相关教师只做简单的情况说明就可以了。另外，《晏婴小学教职工考勤办法》中有一项特殊的规定：教职工每月有两天的机动假期，也就是说，晏婴小学的教职工每月请两天假等于全勤。教师可以利用这两天时间为父母过生日、生理期可以适当调休等。至于教师选择在月内的哪两天使用这两天的假期，由教师视个人实际情况自行确定。这样，就让冷冰冰的规则有了温度、有了感情。通过规则的运行，教师的干劲更充足，对学校的感情升华，大大提升了教职工的归属感和幸福感。

好的规则又是有弹性的。在晏婴小学推进课程改革之初，没有采取简单的"一刀切"的办法，而是在组织全体教师反复讨论、广泛协商的基础上形成了《晏婴小学课程改革实施意见》，该《意见》对参与课程改革的教师实行倾斜政策：各种外出培训向课程整合教师倾斜，各类评先树优向课程整合教师倾斜，职称评聘向课程整合教师倾斜等。学校将选择权交给教师，让全体教师自愿做出选择。选择参与课程改革的，享受相关优惠政策；选择不参与课程改革的，不享受相关优惠政策。两类教师不设人数限制，并且规定选择课程改革不是只有一次选择机会，第一次未选的教师可以随时加入，但是选择课程改革的教师不允许中途退出。这样，既确保了课程整合教师队伍的稳定性，又可以使课程整合教师队伍逐步扩大。全体教师第一次自主选择时共有 19 名教师自愿参加课程改革，以后又有教师不断加入进来。这些教师由于是发自内心的自愿参与课程改革，个人的积极性和创造性得到极大解放，既做到了激励改革者，又做到了尊重不改革者。这样，最大限度地减少了改革的阻力，确保了课程改革的顺利进行。

规则的温度和弹性是有边界的、透明的和普适的。对经过全体教师集体智慧形成的规则不能随意更改和无限突破，这不是对规则的"暗箱"操作，更不是只有少数人可以享受的特权，而是面向全体的、共享的和平等的。因此，规则有了温度和弹性，更能发挥其价值，更具人性化，更具生命力。

三、以规则之治撬动课程改革

（一）规则之治与课程改革之间的关系

规则之治与课程改革之间的关系是怎样的呢？简单地说，规则之治与课程改革是一个有机的整体，二者是相互依存、相互影响、相互促进的关系。规则之治是前提。学校是育人的地方，特别作为义务教育起始阶段的小学来讲，主要目标与使命就是"养习惯、讲规则"。如果一所学校培养出来的学生没有规则意识，其长大以后就可能会成为社会秩序的破坏者。课程改革是途径。只有通过课程改革的不断深化，才能达成立德树人的育人目标。如果没有规则之治，教师的积极性和创造性就难以得到解放，课程改革就难以获得持久的动力，难以得到较好的推动和落实。如果仅有规则之治，没有课程改革，学校的教育教学就难以发生深刻变革，学校的育人目标将难以真正达成。

规则之治和课程改革就如同人的两条腿。规则之治是课程改革的动力源。只有通过规则之治为课程改革提供内驱力和创造力，课程改革才会走得快、走得稳、走得远。课程改革是规则之治的落脚点。只有通过课程改革，才能更好地彰显规则之治的优势，也才能更好地促进学生必备品格和综合能力的提升。只有两者相互配合、相互促进、相互支持，学校才会引发学生的真实学习和深度学习，学生才会成为我们期望的"全面发展的人"。

（二） 以规则之治撬动课程改革

校长要当好规则之治的倡导者和推动者，要提升校长领导力，赋权校干、赋权教师、赋权家长，乃至赋权学生，让校干、教师、家长和学生由教育相关者成为规则制定者，激发与学校教育有关的群体与个体的积极性和创造性，让规则之治成为办学合力的"倍增器"，这样，学校才会发展得越来越好、越来越快。那么，校长应如何当好以规则之治驱动课程改革的推动者呢？

1. 校长赋权于校干，使校干由"二传手"转变为"责任者"。加拿大学者迈克尔·富兰指出：学校改进是一种组织现象，作为领导者的校长是关键，任何一所正在改进的学校，都有一位善于领导改进的校长。校长要当好规则之治的倡导者和推动者，校长不能"贪权"，而是要放权。校长一旦"贪权""揽权"，久而久之，就会扼杀中层校干（含副校长以及各位中层管理干部）的积极性和主动性，中层校干就会出现"怠政""懒政"，就会成为只动嘴不动脑的"传声筒"和"二传手"。中层校干没有权力，也就没有责任，就更没有参与和推动课程改革的积极性。只有校长敢于放权、善于放权，才会充分释放中层校干的积极性和创造性。校长要赋予中层校干话语权、决策权、建议权和评价权等各种权利，让中层校干成为利益相关者和学校治理规则的制定者，使其站在学校治理的中央，而不是校长命令的被动执行者和学校治理的"边缘人"。这样，中层校干才会成为课程改革的责任者、参与者和推动者，中层校干才会由课程改革的阻力变为课程改革的动力。同时，校长还要积极推进学校的扁平化治理，减少治理层级，尽量避免因层级过多导致的传导力、执行力逐级递减的情况发生。

2. 校长赋权于教师，使教师由被动执行者转变为主动研究者。教师是一所学校的组成主体和教学主体，校长的教育思想和办学目标需要通过教师的教育教学行为去实现和达成。长期以来，校长主要的工作是学校管理，从教师管理层面讲，校长考虑最多的是如何将教师管好管细，这样做的结果往往是校长越管越多、越管越细，校长越来越累，教师的工作积极性却越来越差，教师的职业倦怠越来越严重，仿佛进入了一个恶性循环的"怪圈"。如果这一"怪圈"破解不了，不要说在教师中推进课程改革，就连正常的教育教学都难以保证。要突破这一"怪圈"，就需要校长赋权教师，从学校管理迈向学校治理，将规则制定权交给教师，让教师真正成为学校的主人、成为专业发展的主人，让教师由被动执行者转变为主动研究者。校长要赋予教师学校治理规则的制定权、教学常规免检选择权、教研共同体运行规则制定权、教师职称评聘规则制定权、各类先进评选权、学校课程管理权、班级课表制定权、学科核心素养评价权、课程评价权等。这样，教师成为了规则之治的利益相关者和具体实施者，由学校管理的"外人"转变为学校治理的"家人"，以此大大激发教师的内驱力和创造力，使课程改革获得源源不断的推动力。

以教研工作为例，晏婴小学通过打破旧有的教研样态，赋权教师，激发调动"民间"力量，让形同虚设的"只教不研"的教研组蜕变为让真实教研持续发生的"教研共同体"。所谓"教研共同体"，它完全不同于行政管理环境下形同虚设的"只教不研"的教研组，"教研共同体"是以规则重建为基础和前提的。在教研共同体的建设中，校长对教师的赋权至关重要，只有校长赋权教师，让教师拥有适应教研共同体的评价规则的制定权，教研共同体才会迸发出与传统教研组完全不同的研究力，才会推动教研的真实发生，课程改革也才会真实发生。教研共同体需要建立以"教研中有价值的问题的提出者和解决方案的提供者"作为对每位成员考核的主要指标的评价规则，才会引导每位成员聚焦有价值的问题，才会促成深度教研。同时，校长要率先垂范，努力破除

"用放大镜找优点"的虚假教研氛围，创设"优点不讲丢不了，缺点不讲不得了"的真实教研文化。在教研共同体中，人与人之间的关系是紧密的、平等的、安全的，大家在教研过程中谁也离不开谁，互为资源，互相成就。有了这样的教研文化，力量会聚焦，智慧会生成，教研中遇到的焦点、难点问题才会得到解决。"教研共同体"与一般教研组的根本区别在于，教研组是由教研组长"把持"的，教研组长具有话语权，是理所当然的"领导者"。而在"教研共同体"中，真正起作用的不再是行政领导，而是专业领导，哪位教师研究力强，只要他有思想，有技术，能引领大家往前走，形成了自己的话语体系，他就是该领域的领导。这样的团队会大大激发每位教师原始的内驱力和创造力，并最终形成整个团队的研究合力，这就是"分布式领导"。"分布式领导"旨在放大"民间"的力量，让每位成员都成为活跃的"领导者"。一所学校，只有让每名教师都成为某学科某领域的教研领导者，这样的教研组才是有价值的，才能引领教师由职业走向专业。

校长赋权教师，强调教师的深度参与，改变了教师的服从、被动接受的角色定位，转变成为主人翁式的主动参与且与学校、校长、同伴协同进步的角色属性。在实施过程中，教师深度参与学校课程目标的制定、学校课程体系的构建、学校课程实施及评价等，教师的系统思考力、课程构建与实施力、教学管理力等明显增强，形成了基于学校发展的系统观、整体观、课程观等教育观念，课程改革的成效逐步显现。

3. 校长赋权于家长，使家长由教育旁观者转变为教育参与者。苏霍姆林斯基说：只有学校教育而没有家庭教育，或者只有家庭教育而没有学校教育，都不能完成培养人这一极其艰巨而复杂的任务。晏婴小学以往的办学局限于学校院墙之内，成了学校内部的"独角戏"，将家庭教育和社会教育割裂开来，忽视了家庭教育和社会教育的不可替代性，导致学生接受的是不完整的教育。另外，随着国家教育水平的不断提升和发展，当前中小学生家长群体呈现出"四高"特点，即家长的学历越来越高，素质越来越高，对教育的关注度越来越高，对学校教育的期待也越来越高。那么，如何让"四高"型家长成为学校办学的"动力源"，如何让家长成为课程改革的接受者和助推者呢？事实证明，只有拆掉学校的"围墙"，让家长走进学校，学校赋权家长，给予家长学校办学的参与权、知情权和评价权，才能充分激发和调动家长的积极性，大大促进学校教育的发展和课程改革的进程。

晏婴小学家长课程资源库的成立和运行，就充分体现了家长的合理参与对提升学校教育质量的重要作用。晏婴小学在坚持自愿、量力而行、发挥特长的前提下，组织家长依据个人职业、爱好、特长、合适时间、志愿方式等方面的情况，填写"家长课程资源库申请表"，学校进行分类整理汇总，建立家长课程资源库。如：经统计分类，在志愿加入家长课程资源库的家长中，有21名医务工作者，29名厨师，37名银行职员，39名温室大棚种植户，41名商场工作人员，7名律师，7名导游，131名企业主等。学校和教师根据课程实施的需要，到家长课程资源库中查询，让适合的家长参与课程实施过程。家长中的医生、律师、厨师、导游、消防员、银行职员等成为重要的课程资源，他们纷纷走进课堂，丰富了课程内容和形式，深受学生欢迎。同时，学生进入银行、超市、企业、温室大棚等开展综合实践。这样，海量社会资源不为我所有，但为我所用，大大弥补了学校资源的不足。家长课程资源库的组建，让家长中的课程资源由零散变为系统，由闲置变为实用，由被动变为主动，充分发挥其价值，为课程改革服务，为培养"完整的人"服务。只有教育者的视野从封闭的校园、狭窄的教室和单调的教科书中解放出来，站在社会大环境中寻找课程资源，拓宽学生成长空间，才能真正打破单一的课堂模式，丰富课堂形态，为学生成长搭建更大的舞台。又如：本校教师开发的"秋之韵"综合实践课程，需要组织学生到野外去观察大自然，亲近大自然，体验大自然。由于距离较远，教师人手又少，就由家长委员会负责组织家长来担任课程服务员和安全管理员，家长不仅出人（一名家长需要分工负责五名学生的管理和安全工作），还要出钱（需租赁大巴车），让教师的主要精力放在组织学生分组活动和观察记录上，确保了课程的顺利实施。

4. 校长赋权于学生，使学生由被动接受者转变为规则制定者。学校是学生学习的场所，学生才是学校的主人，主人就要有主人的权利。晏婴小学赋予学生各种各样的规则制定权，大到班级命名权、班级公约制定权、教室文化设计制作权、学生自主管理权，小到学生自主选课权、作品展示权、开放式书吧管理权、学生自我评价权、对校长的建议权等。以教室文化设计制作权为例，学校赋予学生教室文化设计制作权，学生成为教室的主人，同学们一起协商教室文化的设计规则，从而引发晏婴小学的每间教室都成为班级之间、同学之间相互比设计、比创意、比环保的"展示场"。晏婴小学现有 43 个班级，每个班级的班徽、班牌、班级公约都是由学生来设计制作的。各班教室内的各式各样、创意独特的小盆栽，是学生利用废弃的塑料瓶、塑料桶、易拉罐、硬纸箱等环保材料设计、制作而成的。学生用家中用过的洗涤液塑料桶改造成的花盆，如同振翅欲飞的凤凰，形态逼真、栩栩如生。学生用废弃的烧水壶栽种的小绿植被命名为"五壶四海"，看上去生机盎然、富有情趣。一个个造型各异的花盆呈现在教室里，加之里面有学生亲手种植的土豆、辣椒、草莓、花生、绿萝、多肉、西红柿等各种植物，更是千姿百态、创意无限，成为一道独特的风景。有个学生在教室内制作了一个"鸟巢"，它成为这个班的同学永久的记忆和留恋，从这个班毕业的同学都要再回到这里，再看一看这个"鸟巢"，再看一看教导过他们的老师，再看一看他们学习生活过的"家"。

正是由于赋权学生，学生成为各类规则的制定者，大大激发了学生的灵感和个性，课程改革的成果日丰，学生的个性和创造性得到释放和发挥。学校不但是学生学习的地方，更是学生的"课程选择场""作品展示场"和"创意设计场"，学校成为学生记忆中有创意、有温度、有留恋的地方。

晏婴小学以规则之治为总抓手，以规则之治撬动课程改革，让教师、家长和学生成为教育利益相关者和规则制定者，充分运用好规则这个杠杆，并通过对规则的不断优化，发挥各自的职责和优势，支持课程改革，促进课程改革，共同指向"立德树人"育人总目标，共同作用于学生的健康全面成长。

规则之治是从学校管理迈向学校治理的一次尝试和探索，它既是一个渐进性发展的过程，又是一个转型性变革的过程，同时又是一个复杂的系统工程，需要今后不断探索、不断研究、不断完善，以期取得更好的效果。

第一章

校长：基于规则的角色革命

第一节　始于尊重

尊重即尊敬、重视。尊重他人是一种高尚的美德，是个人内在修养的外在表现，也是一个单位人文环境构成的必要条件之一。营造"尊重文化"是顺利开展工作、建立良好的社交关系的基石。

天底下没有两片完全相同的树叶，也没有完全相同的人。尽管人与人的个性不同，但在人格上都是平等的。这种平等决定了我们不能把自己的意志强加于人，而是要容纳个性，尊重差异。尊重他人，要避免在工作中将岗位差异与尊重程度画等号，每个在自己岗位上兢兢业业工作的人都值得我们尊重。

教育的尊重体现在对教师的自身的需求和发展的尊重。教师群体是由一个个血肉丰满的人组成的，他们内心渴望被尊重。尊重教师，首先要让教师积极参与学校建设，让教师成为学校发展的主人，积极为学校发展建言献策。尊重教师，要充分利用教职工大会。学校主要领导要积极听取教师的各条意见，并且对教师的意见及时进行解答，让教师从内心上觉得自己要为学校尽力。

晏婴小学充分利用工会组织及教职工大会，给教职工充分发言的机会，让教师体会到自身的人格高度。学校还积极为教师的在校生活提供支持，积极创建"教工之家"，购置按摩椅，让教师在这里得到充分的休息；每年一次的教师自助查体，由教师自主选择适合自己的查体项目，保障教师的身体健康；每月一次的健身娱乐活动，各种健身社团的组建，让教师在工作之余放松身心、锻炼身体；心理健康培训、家庭教育培训等让教师心理上得到了慰藉。而对于教师的专业发展来说，积极鼓励教师出版专著。每年一次的教职工大会，都会进行财务工作、工会工作、学校工作的报告，供各位代表进行审议。在会前让教师积极提出提案，学校根据教职工的提案进行细致解答，提案的解答率为100%。学校在充分尊重教师的前提下，各项工作顺利推进，学校平稳有序地向前发展。

提升教师工作生活质量规则

教师工作生活质量是社会、学校提供给教师工作生活条件的充分程度以及教师工作生活需求的满足程度。它是在一定物质条件的基础上，教师对工作生活整体以及工作特性、工作环境、薪酬福利、组织管理、晋升发展等工作生活各维度的主观感受。《国家中长期教育改革和发展规划纲要（2010—2020 年）》明确提出了我国新时期教师队伍建设的目标和方向，其核心是要建设一支"高素质专业化教师队伍"，将教师队伍建设作为教育改革发展的重要保障措施，并从教师工资待遇、身心健康、工作生活条件等方面提出改善教师工作生活质量的系列要求。

教师工作生活质量是教师职业生涯发展的关键要素，是一个教师与职业双向、互动、建构的生命轨迹，学校重视对教师工作生活环境、组织关系及专业发展等方面予以改善，会促进教师的主观感受倾向于满足程度的提高。教师对学校工作生活环境的认同，会极大提升其工作热情，改善其工作生活的精神状态，促进团队力量的融合，有利于学校的发展。

晏婴小学在学校发展中始终把提升教师工作生活质量作为基本内容之一，力求建设良好的人文环境，唤醒教师的内驱力，让教师体验到职业的幸福感。

一、保障教师身心健康，幸福快乐地干好工作

教师的身心健康是能够优质高效完成教学任务的前提，没有健康的身体，一切都免谈。为了更好地提升教师的身体素质，我们每年为教职工"自助餐式健康查体"，让教师结合自己的身体情况，选择适合自己的查体项目，而这都是免费的。另外，为了更好地服务教师，学校设立了多个健身社团：瑜伽团、乒乓球队、羽毛球队、键球队、跳绳队；并且建立了教职工之家，里面设施齐全，有按摩椅、空调等设施，成为教师课后休闲娱乐的场所，在这里可以聊天，可以品尝美味的豆浆，聊聊家常，缓解压力。学校工会结合教师的现状，修订了原来对婚丧嫁娶的规定，让制度更人性、更亲情，如"对于生病的教师直系亲属，学校主要领导都要到医院进行探望"、"年轻教师结婚，学校教师只祝贺，不宴请，减轻家庭负担"。

【案例】

学校努力为教师创设舒适的工作环境，在每个教师办公室安装了空调，办公环境真正做到了冬暖夏凉。学校领导考虑到有些教师离学校比较远，遇到刮风下雨暴雪严寒时上下班不方便，便腾出两个面积70平米的房间，安置了20张上下床铺，统一为午休教师购置了床垫床单，避免了这部分教师每天中午路上的奔波。

切身考虑教师的实际，为每一个教师创设适合的条件，帮助他们解决实际困难，也让教师们感受到了来自学校的温暖。郭老师因脑出血住院治疗时，孙校长带领中层领导多次到医院进行探望，专门联系医院帮助确定治疗方案，全校教职工闻讯纷纷为其捐款，让郭老师感受到了来自大家庭的温暖。

郭老师回校任课时，学校考虑到她的身体状况，给她减少了工作量。郭老师主动要求学校领导给其安排了兼职工作。她用认真负责来回报大家的关爱，受到了大家的好评。

二、创设良好文化氛围，让教师爱校如家

晏婴小学教职工中的女教师占多数。学校建立了女工委员会，设立组织机构，定期了解教师的心理需求和工作压力，组织开展心理拓展、心理培训、家庭教育培训等活动，让学校"阳光驿站"帮助教师释放压力。对于刚入职的年轻教师，为帮助他们尽快地适应学校的工作节奏，实施一对一"青蓝工程"进行帮扶，让他们工作中有"导师"、生活中有"兄长"，感觉生活在一个大家庭中。

学校建立教职工代表大会制度，通过教代会广泛吸收教职工建议。工会委员会是教代会的常设机构，负责落实教职工代表的建议。教职工代表大会每届任期5年，每学年至少召开一次会议，每次会议必须有三分之二以上的代表出席方为有效；教代会进行选举和表决，须经应到会半数以上代表通过方为有效。另外，工会委员会对每年教代会教师提交的提案都会进行答复，答复率100%以上。通过召开教职工代表大会，给教师人人发言的机会，人人都发挥主人翁的作用，教师的人格尊严得到尊重，学校也因有教师的参与而更有活力。

【案例】相逢是首歌

2013年8月12日，我调入临淄区晏婴小学，开始了我工作十二年来新的事业里程。性格感性的我，面对新的环境，新的人事，迷茫有过，困惑也有过。但好在有一帮一见如故的同事手把手的引领和帮助，不到一个月，我已经熟悉了所有的工作：班级管理日趋成熟，教学工作

井然有序，校本课程步入正轨……现在，我可以每天微笑着站在晏婴小学教学楼前，满怀信心与期望面对新升的太阳了。回忆这一段时光，有太多的人和事值得记下，不能详述，捡拾一二，藏在这个季节深处。

8 月 27 日　星期二

今天收获了四位学校领导的问候，分别来自孙校长、齐校长、李校长和德育处贾主任。非常奇妙的是，大家都说了同样的话："累不累？适应吗？"大家这么帮我，怎么会累？有些摸不上头绪，确是真的。不过，情况已经一天好于一天了，我想最晚到下一周，一切就会安好了。

9 月 9 日　星期一

快一个月了，工作和生活越来越顺。路姐一句"你要多喝水"的殷勤关切，曹姐一声"我帮你把助学案送去印刷厂"的"顺手之劳"，崔锴、娟儿、卢老师、杨老师……当然更有学校领导的一路鼓励和照顾……真的是收获了太多太多美丽。晏婴小学，不像一个单位而更像一个大家庭，大家心是齐的，情是暖的，义是真的，这多像一帮子兄弟姐妹！而且，不独是我，晓宁、文平她们也有同感。

我们不禁为自己能加入晏婴这个团队而感到荣幸！

后记：工作忙碌，文字没有经过认真整理。回头再读，其实也不过是细碎得不起眼的小事。但，正是这些看似平淡的小事，构成了我调入新单位以来眼中最温暖的风景。作为新调入教师，我们因这份温暖而充满自信，我们因这份温暖而对未来满怀憧憬！

三、提升教师师德水平，树立良好职业形象

教师的个人师德养成，对于教师职业来说至关重要，学校将"胸有大爱，智慧育人"作为教师风尚，借此引领教师师德水平提升。教师从爱党、爱校、廉洁自律等方面加以约束，确保职业品质良性发展，

在日常工作中体现自己的职业道德。学校每学期都进行"感动校园人物"的评选，获评的教师在日常的工作学习中都有良好的师德表现，使评选真正意义上引领了全校教师的师德养成。

【链接】晏婴小学师德标兵评选办法

（一）热爱中国共产党，热爱社会主义，热爱祖国，忠诚党的教育事业，遵纪守法。

（二）治学严谨，勤奋任教，优质施教，教书育人。在传授知识的同时，注重学生思想品德教育，关爱学生，为人师表，言传身教，培养学生正确的世界观、人生观和价值观。

（三）高质量地完成教育教学任务，在教学改革、课程开发、学生管理等方面成绩突出。

（四）具有良好的职业道德，爱岗敬业，乐于奉献，艰苦奋斗，不谋私利，切实为广大师生服务，得到广大师生的广泛赞誉。

（五）关注社会，尊重家长，主动经常与家长联系，听取意见与建议，取得支持与配合。

（六）廉洁从教，发扬奉献精神，不收取家长（学生）馈赠，以身作则，为人师表，言行规范，作风正派。

（七）近三年无教学事故、管理事故。

（八）近两年教师职业道德考核中连续被评为"优秀"等级。

（九）有下列情形之一的，不得参加师德标兵评选：

1. 在教育教学活动中有违背党的路线方针政策的言行或者不利于社会安定、影响国家统一和民族团结的言行，有违法乱纪行为，涉外活动中有损国格、人格的或国家利益的；

2. 在教育教学活动中遇突发事件时，不关心和爱护学生，不履行保护学生人身安全职责的；

3. 在教育教学活动和学生管理、评价中不公平公正对待学生，产生明显负面影响或在班级管理中出现重大责任事故的；

4. 在招生、考试、考核评价、职务（职称）评审、教研科研中弄虚作假、营私舞弊的；

5. 体罚学生或以侮辱、歧视等方式变相体罚学生，造成学生身心伤害的；

……

评选"感动校园人物"，树立了学校教师中的典型，突出了重点工作，更为教师传递了正能量，让工作突出的教师获得了认同感，形成了向上向善的好风气。师德标兵的评选，让热爱学校、爱岗敬业、业绩突出的教师发挥引领作用，树立了学校正气。

四、以尊重唤醒教师职业发展的主动自觉

美国心理学家马斯洛认为，尊重的需求包括自尊的需求和受别人尊敬的需求，这种需求的满足将会产生自我信任、价值、力量、能力、适应性等方面的感觉。晏婴小学不断强化学校管理与支持，营造优质的发展环境，增强教师的职业认同感，提升教师的心理认同，确立合理公平的评价机制，从而在稳步提升教师工作生活质量的同时，以尊重唤醒教师职业发展的主动自觉。

学校设立专项资金，用于激励教师发展，包括外出听课、学习以及出版专著等。对于成果突出的教师给予加分奖励，大大激发了教师的发展欲望。学校还与山东省教育科学研究院课程中心合作，利用专家资源指导学校课程建设，引领教师走专业发展之路。

【案例】课程整合打开教学新视野
——记山东省淄博市临淄区晏婴小学教师边春霞

"所有这些改变和收获，都源于课程整合。课程整合给我打开了一扇全新的大门。我在成就学生的同时，也体验到了做教师的快乐和幸福。"说这话的是山东省淄博市临淄区晏婴小学教师边春霞。2015 年，她先后两次应邀登上国家教育行政学院的讲台，面对来自全国各地的优秀校长，介绍她在英语教学方面的先进经验和做法。

"因为课程整合，我的教育观教学观发生了改变"

边春霞最早在临淄区辛店街道中心校工作，在这所学校的英语教学一线工作了 15 年。2010 年，由于临淄区教育布局调整，她从原来的工作单位调入现在的晏婴小学。

从农村到城区，对一名普通的英语教师来说，是一个不小的跨越，更是一个不小的挑战。每堂英语课，她都尽最大努力去准备。她希望将英语课讲得精彩一点、再精彩一点，但惯性的授课思维仍然左右着她，学生在学英语的过程中还很被动。如何让学生们都爱上英语课呢？当时，她找不到答案。

2013 年，晏婴小学探索开展课程整合。为了寻找英语课堂的突破口，边春霞主动报名加入了学校的课程整合团队。在这期间，学校请来山东省教科院的研究员张斌举办讲座。听完讲座后，边春霞觉得她曾经苦苦思索的那个问题有答案了。

这个答案就是课程整合。她认可张斌的观点："课程整合可以让课改落地。在课程整合中，教师可以变学科教学为学科教育，让课程成为教育的生态园。"

张斌告诉边春霞，课程整合要求教师有理论基础，并给她推荐了一些关于课程整合的书籍。从此，她坚持每天早晨读书一个小时；每天下午，等学生离校后再读一个小时；晚上睡觉前还要翻几页。

边春霞手头有一个特殊的笔记本，上面是她对自己所读书籍的摘抄和记录。她还给这个笔记本编写了详细的目录，并且标注上具体的页码。其中，每个子目录都是课程整合的相关主题。

边春霞几乎将全部的课余时间都用在了课程整合上。她不停地研究课程标准，研究教材的编写特点，研究教学方式的创新……

"课程整合使我的教育观、教学观发生了颠覆式的变化，原本单调、重复的教学离我远去。我感觉每天的教学都是新的，每天的挑战都是新的。这种幸福的感觉是原来不曾有、也不可能有的。"边春霞说。

"教师不是知识的传声筒，要让课程有自己的烙印。"

语音学习是学好英语的基础和关键。边春霞发现，目前小学英语课程标准对语音的学习有规定，但是其内容和形式很难引起学生的共鸣。学校使用山科版英语教材，这套教材中的语音学习内容比较靠后，内容也比较单薄，以致教师的"教"和学生的"学"都不理想。

针对这种状况，边春霞结合学生和教材的实际，对课标中的二级语音目标进行分解，制订了《小学英语二级语音教学目标及评价内容分级表》，从26个字母的名称音、拼读音、字母组合音等角度入手设定了具体、详细的语音教学目标。

根据前期整体设计的语音目标及语音学习的重点，边春霞开发了晏婴小学的《自然拼读》校本教材。教师让学生先学习26个字母的拼读音，再学习5个元音字母的拼读音，然后学习各种字母组合的拼读音。"《自然拼读》教材图文并茂，既好玩又好学，深受学生喜爱。"晏婴小学校长孙镜峰说。

在此基础上，随着课程意识的增强以及课程理论体系的逐步完善，边春霞又开发了"阶梯英语"课程。她逐渐走向课程整合的深处。

"阶梯英语"课程分自然拼读、情景口语和原版阅读三个子课程。

在小学三年级，实施自然拼读子课程，重在提升学生的拼读能力，让学生做到"看词能读、听音能写"；在小学四年级，实施情景口语子课程，重在提升学生的听说能力，让学生做到"听得明白、答得正确"；在小学五年级，实施原版阅读子课程，重在提升学生的读写能力，让学生做到"读得明白、写得出来"。

"阶梯英语"课程的三个子课程互为依存，层层递进，步步深入，不仅打破了小学英语传统教学和教材的局限，而且打破了支离破碎、"鹦鹉学舌式"的英语学习方式，让学生感到学英语是一件快乐的事。

"课程整合给予我重新认识和把握英语课程教学的能力，让我从一个全新的视角开展英语教学，并且开展得很好。"边春霞总结道，"教师不是知识的传声筒，因此要学会与教材、学生互动并产生共鸣，让课程带有自己的烙印。"

"激发心中那一份英语教学改革的潜质"

为了让学生们更好地学习"阶梯英语"课程，边春霞不断改进教学方法，通过自创学具、开展英语游戏、创作绘本等方式，充分激发学生学习英语的热情。

在边春霞的"自然拼读"课堂上，学生每两人为一组，每组拿一副磁卡学具。学生在学具中间区域放元音字母，在其周围放辅音字母。边春霞将元音字母"O"放在中间，然后说："在1分钟之内，看看哪个小组能拼出最多的单词。"接着，学生们纷纷把不同的字母放入，并把它们与"O"搭配，拼出不同的单词。

边春霞认为，140多页的《自然拼读》教材对小学生而言太复杂了。于是，她又设计了一幅与教材相配套的《自然拼读挂图》，并张贴在每个教室的墙壁上。挂图设计得简单直观、生动活泼，课上、课下都能用，在潜移默化中培养了学生的拼读意识与能力。

"自然拼读"教学法只能解决"听音能写、见词能读"这个问题，却不能帮助学生了解单词的意义。于是，她又适时地引入绘本故事，让学生在绘本故事完整的情景、有趣的氛围中感知丰富多彩的语音，从而解决了单词的音、形、义的问题。

从《自然拼读》绘本开始，边春霞开展的主题绘本阅读已经涉及天气、动物、颜色等 11 个主题，共创作绘本 33 册。在这个过程中，学生利用自己在课堂上学到的发音规则，自主尝试朗读绘本故事，以提升拼读单词的能力。同时，学生通过想象自制绘本，创作微故事，以加深对单词的理解。

小羽原来最不喜欢英语课。边春霞曾经问他："小羽，你喜欢英语吗？"等了好一会儿，小羽才伸出右手，很不情愿地将拇指与食指稍微分开了一点儿，也就是大约一厘米的距离，说："喜欢这么一点。"如今，"阶梯英语"课程的有效实施，让小羽真正喜欢上了英语。有一次，边春霞又问小羽："你现在对英语还是'1 厘米的喜欢'吗？"1.5 米高的小羽张开手臂，使劲往外伸展了一下，然后说："现在，我喜欢英语的程度比我的个子还高呢！"这说明，教师的改变也带来了学生的改变。

"我一路走来，无意间与课程整合结缘，激发心中那一份英语教学改革的潜质，改变了我的教学之路。"边春霞说。

（《中国教育报》2016 年 9 月 14 日第 11 版）

教师是学校发展最宝贵的资源之一。没有教师的主动发展，就不会带来学校的发展进步，也很难促进学生跟上时代的发展进步。晏婴小学为教师创设的专业发展环境，唤醒了教师的职业自觉，近几年来教师的发展潜能不断得到发掘，一批个性突出、专业优势明显的教师如雨后春笋般涌现出来，学生素养也受此带动得以提升，学校办学水平也适应了新时代对人才培养的需求。

教职工机动假期实施规则

无规矩不成方圆。学校的考评制度是学校内部治理的地方性法规，对教师具有影响力、制约力和引领力。好的考评制度能调动大家的工作积极性，促进教师之间的团结互助，带动学校发展。相反，则会引来怨声载道，破坏内部和谐。

教师考勤制度是考评制度的内容之一，对规范学校教育教学秩序，形成良好的运转机制，具有重要的影响。晏婴小学在教师考勤制度中遵循科学、规范、严格、公平的基本原则，结合管理实际加入了机动假期。机动假期弥补了刚性制度的硬性缺陷，将学校管理和教师工作、个人实际很好地予以协调，化解了因为制度缺陷而造成的矛盾。

一、公约：体现规则面前人人平等

学校在制定请假制度时，首先要通过教代会进行意见收集，吸收教师提出的合理化建议，经过教代会讨论后答复确认，全体教师人人签字，代表人人遵守承诺，然后再开始实施。通过教代会集体表决产生的请假制度，对每个人都有相同的约束力，体现了规则面前人人平等。

【案例】晏婴小学教师考勤制度（节选）

一、教师请假手续

两节课以内向级部主任请假，半天以内向教导主任请假，半天以上一天以内向分管校长请假，超过一天向校长请假。请假前要事先调好课，写好假条，先经级部主任签字再逐级签审后交办公室、告知值班领导后方可生效。电话请假者，到校后要到校长办公室补写请假条，否则请假无效。

二、教师调课要求

教师因个人私事请假，且时间不超过3天，由教师个人协调同年级有关教师代课，请假结束回校再承担原有课时；超过3天的，需上报教务处与分管校长。

教师因公事请假，时间不超过3天，由学校教务处负责安排年级组长协调同年级有关教师代课，公事结束回校再承担原有课时；超过3天的，需上报教务处与分管校长。

三、考评要求

教师上好课维持好教学秩序是教学常规的基本要求。因此，请假教师、代课教师具有同等义务和责任维护好教学常规。对请假教师未按规定履行请假、调课手续，出现空堂等情况的，根据学校教师考评制度规定执行。因空堂出现安全事故的，根据学校安全管理制度追究请假人责任。其他代课教师须严格按照要求承担上课任务，因代课教师原因出现空堂等情况的，根据学校教师考评制度规定执行。

二、执行：以落实体现规则的客观、公正

在日常考勤中，通过级部——分管校长——校长三个层级进行"人治"，更多的管理则是通过考勤机进行记录。办公室考勤负责人每周定期拷贝考勤数据，根据机器显示结果进行公示，再根据请假记录进行区分（教师的公假、事假记录分明，严格遵循考勤制度）。因公请假不扣分，个人事假结合制度落实。严格的管理，体现出规则执行的客观、公正。遇恶劣天气等原因，教师可以在不影响学生上课的情况下适当延迟到校时间。

【案例】签到

"王老师，麻烦您替我签到！"

"不行！学校规定签到要自己签！"

"那好吧！"

早晨起来，我站在窗前，望了望外面雪白的世界，马上到上班时间了，可看着路上步履蹒跚的人们，我不禁眉头紧蹙。怎么上班？难道刚到晏婴小学几天就迟到？学校的考勤制度很严，怎么办呢？正在这时，"嘀嘀嘀"，QQ消息出现了一条信息，办公室杨主任发的："各位老师，由于昨夜大雪，致使道路交通阻塞，为了保证路上的安全，今天签到时间顺延半个小时！"

好温暖的消息！

三、机动：自由调节体现管理温度

学校请假制度保证了正常的教育教学秩序，但教师也要照顾家庭，抚养孩子，对父母尽孝。在教代会提案中，教师希望学校为自己提供给父母过生日的时间，学校通过后规定"本人父母及岳父母或公婆生日享受假期半天"；考虑到外地教师路途较远，另外再增加一天时间。这项人性化规定的出台，让教师们感受到了学校的温暖。

【案例】机动假期让我感受到了制度温情

来到晏婴小学上班后，我处处感受到了晏婴小学管理的人性化，让我没有了后顾之忧，还增加了工作动力。

我连续上班几个月了，身体还一直处于比较好的状态，可是最近这一周，突然感觉到头晕目眩，浑身无力。到医院一查，医生说我劳累过度，建议我休息几天。这可怎么办？

都说老师的工作轻松，但一旦进入这个角色，马上就明白到底轻松不轻松。就说每个教师的工作岗位吧，教育局是根据学校学生数配备老师，一个老师占一个编制，一旦一个老师请假，就会影响到一系列的事情，如任课安排、班级管理、育人岗位等，都会给学校增添很多麻烦。在我以前的学校，为了让老师尽量不请假，考评办法中对请假规定很严格，一节课扣1分，还要扣发绩效50元。如果请假一天，那就损失好几百元，还要扣考勤分。老师们都说，我们没工夫长病，也长不起病！结果，有的老师就因为耽误了及时诊治，小病发展成了大病。

我怀着忐忑不安的心情找校长请假，孙校长很快就给我签好了字，还叮嘱我调好课回去好好休息一下。其他领导告诉我，在晏婴小学，校长给老师们常讲，老师要保重自己的身体，学会调节身心。学校的制度中每个月有机动假期，如果有生病等特殊原因，可以把这个月的机动假期合并使用，对考评绩效都没有影响。这多么合乎人情！

第二节 立于民主

"民主"一词源于希腊文"demos",意为人民。其含义为:在一定的阶级范围内,按照平等和少数服从多数原则来共同管理国家事务的国家制度。在民主体制下,人民拥有超越立法者和政府的最高主权。从民主的本质上说,民主即是人民当家做主。

学校民主管理的形式体现在教师和学生是学校的主人,实质体现在学校教育中各主体行使民主权利,师生员工参与自主管理,学生得以全面发展。

晏婴小学的民主就是人人参与、人人管理、人人有责,这里的"人"不只是学校领导,还包括教师、学生及家长们。"人人参与"即参与学校重大事项的决策,学校任何事务透明化,教师知晓、学生了解、家长知情。"人人管理"即以学校领导管理为主,重要事项由教师们参与管理,家长代表到校发表建议。"人人有责"即学校的大事小事每位学校领导和教师都要勇挑重担,共同撑起学校的未来。晏婴小学的民主体现在"风声雨声读书声,声声入耳;校事家事学生事,事事有责"。学校中每个人都是独立的个体,学校是社会的一部分,不能脱离社会,各项事务都需要关心参与;晏婴小学是所有教师、学生及家长的学校,大家共同参与,协同管理,人人尽心,崇尚民主。

晏婴小学的管理过程体现公开、公正、公平。对于学校重大决策或重要工作的策划和决定,每位师生员工都有参与的机会和决策的权利,学校围绕立德树人开展工作，紧紧依靠全体教师的共同努力，使得学校和教师一起发展，荣辱与共。每位教职工既是工作制度的制定者、执行者，监督者，也是学校发展的受益者。学校的所有事项面向全员公开，接受全员监督。评优、考核、职称晋升按照既定规则执行，体现公平、公开、公正。

晏婴小学学校内部民主氛围良好，人际关系融洽。校长从不发号施令，独断专行，唯我独尊。在专业发展方面，校长成为教师专业成长的引领者；在课程建设方面，校长成为教师课程改革的同行者；在生活方面，校长成为给教师解除后顾之忧的服务者。校长尊重教师、理解教师，深受教师拥戴；中层领导能够体谅教师，能够站在教师角度想问题，帮助教师解决困难。教师们能够像爱自己的孩子一样爱学生，得到家长的支持和信任。这样融洽的氛围很好地激励了教师们工作的热情，学校全体教师凝心聚力，全心全意做好教育教学工作。

学校民主决策规则

党的十九大报告指出，扩大人民有序政治参与，保证人民依法实行民主选举、民主协商、民主决策、民主管理、民主监督。民主决策作为人民当家做主的重要体现，是中国特色社会主义民主政治的重要内容，在我们党治国理政中具有基础性、关键性意义。

习近平总书记强调："党的重大决策都要严格按照程序办事，充分发扬民主，广泛听取意见和建议，做到兼听则明、防止偏听则暗，做到科学决策、民主决策、依法决策。"

晏婴小学自建校以来，充分发挥广大教职工的主人翁意识，积极引导教职工参与学校管理，学校的各项工作都充分考虑广大教职工的切身利益，学校管理实行民主决策、民主监督，逐步形成深入了解民情、充分反映民意、广泛集中民智的决策机制，推进重大事项决策科学化、民主化，切实充分保障广大教职工的民主权利和切身利益，建设依法治理的现代化学校。

学校的各项决策，从学校年度工作计划安排、重要制度的制定和修改、重要干部任免、教师职称评聘、教师表彰奖励、重要项目建设、物资设备购置，到大额资金使用、大额资金支出，从教师教育教学比赛推荐到办学行为规范等，都与教职工息息相关。在进行决策时，充分发挥教师的主动性，自觉主动参与学校的各项管理工作，达到管是为了不管、管是为了自我治理的目标，使学校管理的效能达到最优。

学校的教育教学工作，由教师来完成。教师是学校教育教学的实施者。发挥教师参与学校管理的积极性、主动性、自觉性，对于做好学校教育至关重要。学校各项管理制度，需要教师来遵照执行落实，同时教师也是各项规则执行的参与者，各项规章制度与教师的切身利益息息相关。

学校实行民主管理，让每一名教师都参与规则的制定、实施、监督，人人是规则的制定者，人人是规则的执行者，人人是规则的监督者，人人是规则的受益者。

一、"三重一大"民主决策，实现程序民主

"三重一大"事项集体决策制度，以科学决策、民主决策为目的，能够全面落实党的民主集中制原则，落实全面从严治党要求，加强党风廉政建设，防范党风廉政风险。晏婴小学对于学校的"重大事项决策、重要干部任免、重要项目安排、大额资金使用"等涉及学校发展、教师切身利益的"三重一大"事项实行民主决策，依法治校，充分发挥学校班子成员集体领导的作用，提高了学校治理水平。

【链接】晏婴小学"三重一大"事项决策程序（节选）

一、梳理本年度计划开展的"三重一大"事项，按月填写"三重一大"事项集体研究计划表，并按计划开展研究决策。

二、"三重一大"事项提议科室或提议人要精心准备，讨论研究，商讨事项的可行性、科学性，是否有政策文件的支持，是否符合学校工作实际，并拟订初步的工作方案、具体措施等。

三、会议由支部负责人或单位负责人主持，按照参会人员排名的倒序逐个发表意见，主要负责人末位发言。集体研究事项实行票决制，若出现较大分歧，应当推迟做出决定。

四、"三重一大"事项采取事后报备制度，单位原件、计划表和决策情况报区教育和体育局办公室。

五、集体研究事项应当提前告知参会人员，到会人数超过2/3方可召开，并执行回避规定：涉及本人或亲属利害关系，或其他可能影响公正决策的情形，参与决策或列席人员应当回避。

六、成立不少于2人的民主监督小组，决策结果要公示，做到公开透明。

……

学校教师综合考核方案是学校最重要的规则之一，具有引领教师发展、指导学校各项工作、评价教师成果的重要作用，是教师评优树先、分级聘任、年度考核的重要依据，是教师做好教育教学工作、实施立德树人教育的指导规则。教师综合考核方案关乎教师每个学期的整体工作评价成绩，教师们最为关注。做好综合考核方案的规则制定，是发挥教师民主参与、民主管理、民主监督的重要途径，也是学校民主管理的重要内容。

学校教师综合考核方案在具体的实施过程中，会发现某些项目不适合学校实际，或者是外部情况发生了变化令考核方案中的一些条目不合理了，这样就需要对教师综合考核方案进行修订。教师综合考核方案的修订遵照"小动大不动"的原则，大的框架不改动，只对某些不符合实际的项目进行调整。

学校教师综合考核方案修订的程序是：针对教师综合考核方案实施中发现的问题和不足，结合级部教师提出的各类意见建议，各处室、考核负责人、级部负责人提出方案中某些不符合实际的内容，并提出初步的修订意见——提交学校领导班子集体研究——领导班子成员发表意见（站在学校的角度而不是个人角度）——领导班子成员形成初步意见——下发到全体教师征求意见——汇总教师意见建议——领导班子集体研究哪些意见吸收，哪些意见不采纳——召开全体教师会议，学校解读教师综合考核方案的修改内容，对征求的意见建议进行一一答复（吸收的意见怎么落实，不采纳的意见的原因）——形成教师综合考核方案的修订稿二稿——下发继续征求意见——领导班子继续研究，形成一致意见——印发修订稿——召开全体教师会议解读方案——组织全体教师审核签字通过——执行新方案。

```
┌─────────────┐   ┌─────────────┐   ┌─────────────┐
│ 实施中发现   │   │ 级部教师     │   │ 考核实施人   │
│ 的问题和不足 │   │ 意见建议     │   │ 发现的问题   │
└─────────────┘   └─────────────┘   └─────────────┘
       ⇩                ⇩                ⇩
┌────────────────────────────────────────────────────┐
│ 各处室、考核负责人、级部负责人提出初步修订意见      │
└────────────────────────────────────────────────────┘
                        ⇩
┌────────────────────────────────────────────────────┐
│ 学校分管领导研究修订意见的可行性并补充具体意见      │
└────────────────────────────────────────────────────┘
                        ⇩
┌────────────────────────────────────────────────────┐
│ 提交学校领导班子集体研究，领导班子成员发表意见，    │
│ 形成修订稿，印发方案修订征求意见稿                  │
└────────────────────────────────────────────────────┘
                        ⇩
┌────────────────────────────────────────────────────┐
│ 下发到全体教师征求意见——汇总教师意见建议          │
└────────────────────────────────────────────────────┘
                        ⇩
┌────────────────────────────────────────────────────┐
│ 领导班子集体研究哪些意见吸收，哪些意见不采纳        │
└────────────────────────────────────────────────────┘
                        ⇩
┌────────────────────────────────────────────────────┐
│ 召开全体教师会议，学校解读教师综合考核方案的修改    │
│ 内容，对征求的意见建议进行一一答复（吸收的意见怎    │
│ 么落实，不采纳的意见的原因）                        │
└────────────────────────────────────────────────────┘
                        ⇩
┌────────────────────────────────────────────────────┐
│ 形成教师综合考核方案的修订稿二稿                    │
└────────────────────────────────────────────────────┘
                        ⇩
┌────────────────────────────────────────────────────┐
│ 领导班子继续研究，形成一致意见印发修订稿            │
└────────────────────────────────────────────────────┘
                        ⇩
┌────────────────────────────────────────────────────┐
│ 召开全体教师会议解读方案，全体教师签字通过          │
└────────────────────────────────────────────────────┘
                        ⇩
┌────────────────────────────────────────────────────┐
│ 执行新方案                                          │
└────────────────────────────────────────────────────┘
```

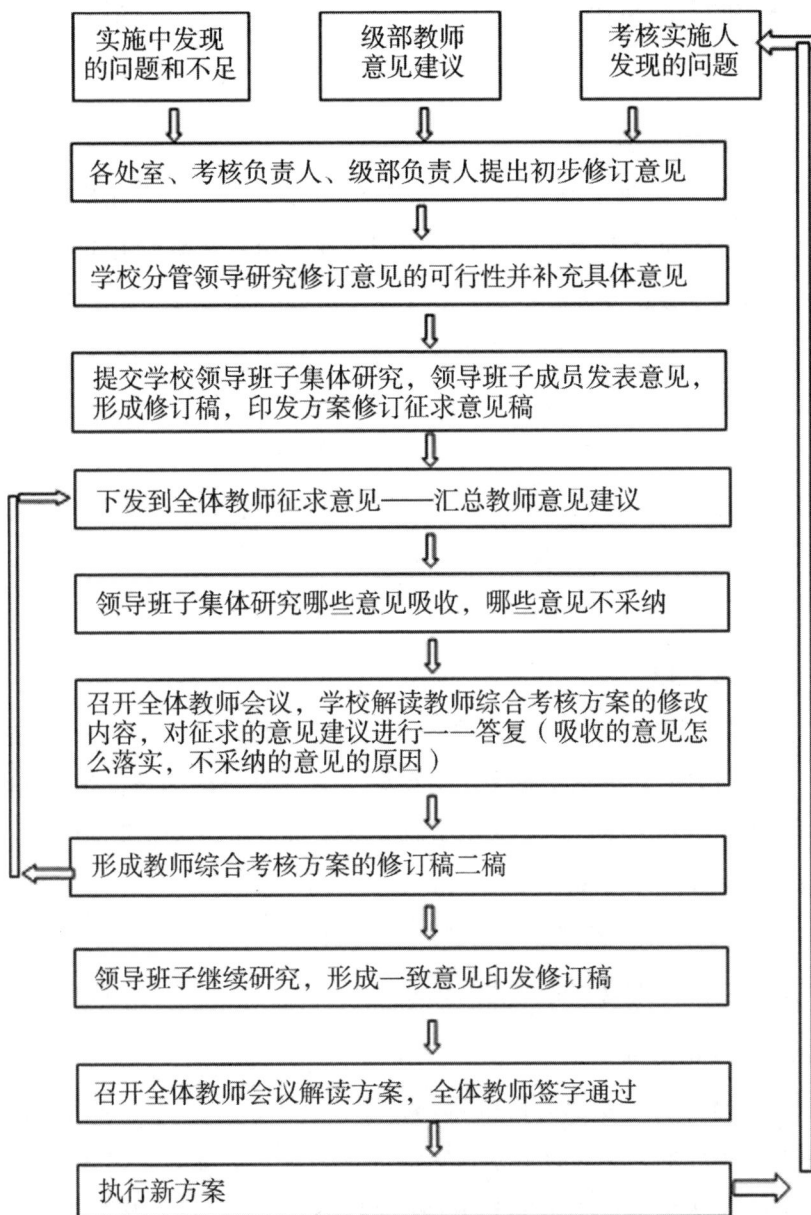

晏婴小学教师综合考核方案修订流程图

【案例】晏婴小学教师综合考核方案修改征求到的意见

一、教学常规

1. 学期末根据考勤、检查材料汇总、上交情况及实际检查效果，对常规检查人员进行考核，在期末教学常规考核中最高加1.5分，每迟到一次扣0.1分，不开会一次扣0.2分，请假一次扣0.5分。在上级督导和检查中，负责检查的项目出现问题给学校扣分的，对检查人员也酌情予以扣分。

（校委会意见：同意。常规检查人员利用中午休息时间对学校常规工作进行检查，还要进行分析汇总、提出反馈改正意见，每月都要额外多付出几个中午的休息时间进行工作，并且承担区督导的任务，应该加分）

二、教科研

1. 教研组长、备课组长专项分

对教研组长的考核依据学期教研组考核成绩，分两档，各占50%，分别计1.5分和1分；对备课组长的考核依据学期备课组考核成绩，分两档，各占50%，分别计1分和0.5分。

（校委会意见：同意。教研组长每周都组织教研活动，备课组长每周都组织本组教师进行教学研究，并且承担区督导的任务，应该加分）

三、校本培训

1. 区级及区级以上的网络培训，按照要求，在规定时间内保质保量完成，一次不完成者扣1分。不报名参加者扣2分。扣完8分为止。该项满分为2分。如在督导检查中给学校扣分，则该项扣除2分。

2. 每位教师每年的A类学分必须达到48学分，达不到者扣1分，产假者除外。该项满分为1分。如在督导检查中给学校扣分，则该项扣除2分。

3. 每年在政工科的考核中被评为区级以上优秀青年教师的在当学期该教师综合考核中加1分，对应的师傅加0.5分；徒弟在政工科的考核中被定为第三等次的，给徒弟在期末教师综合考核中减1.5分。

（校委会意见：①校本培训是区督导项目，每位教师的校本培训学分关系到学校的考核得分，所以根据教师完成培训情况对教师进行考核加分。②青年教师培养也是区督导内容，在师徒结对帮扶中，师傅付出很多，指导帮助徒弟，所以应该给师傅加分；区政工科考核的第三等次属于督导扣分的等次，所以要给徒弟扣分。）

四、学科素养

1. 担任双班语文的，在综合考核中单独加5分；跨级部担任双班数学的，在综合考核中单独加2分；跨学科兼任语、数、英学科的，在综合考核中单独加4分；英语跨级部任教的，在综合考核中单独加2分；因公事或特殊情况由教务处安排的代课，每代1节在综合考核中单独加0.05分。

（校委会意见：同意。双班语文教师批改作业、批改作文等付出很多，应该加分）

五、音体美科信息技术素养考核

1. 体育素养考评。根据2018年获得名次，2019年基本目标如下：运动会团体总分进入全区小学前1/2名次，全体辅导教师加分不减分；进入前1/2与2/3之间名次，辅导教师根据辅导成绩加分或减分；进入后1/3名次，全体体育教师分档减分。依据基本目标，2019年参与运动会辅导的体育教师，在全区中小学运动会中，依据体育教师所辅导的运动员在运动会上所获得的分数直接加入该教师的学期考核个人总分中，具体个人获得分数由体育中心主任提供，对成绩特别突出的教师在当年度或下年度授予区级综合表彰称号，具体情况依据运动会最后成绩由学校领导班子研究决定。不参与训练的，每天扣除0.1分，上不封顶。

（校委会意见：同意。实行目标考核，有奖有惩）

学校的教师综合考核方案，充分实现了程序民主，教师积极参与制定方案、修订方案的过程，所制定的教师综合考核方案，符合学校教师实际，尊重了教师的意见，指明了教师努力的方向，教师们在日常的工作中，都会自觉地按照方案中的规则要求去执行，主动提升自身教学专业能力，努力做好教育教学工作，让自己成为专业型教师。

二、校务公开，实现民主监督

学校实行民主监督是保证学校和谐发展取得实效的关键举措。学校的各类重大事项，教师的评优树先、成绩考核等，都涉及教师切身利益，都应该依规进行公开公示，接受教师民主监督，依法保障教师的知情权、参与权。实行校务公开，让教师参与其中，对学校管理进行监督，可以让教师感受到自己的主人翁身份。学校的事情就是教师的事情，教师感受到自己被尊重、被重视，就会全身心投入学校工作。

【案例】学校所有表彰都公开

晏婴小学在征求全体教师对学校工作的意见或建议的过程中，有一位教师提出，学校的表彰集中在某几个人身上，希望学校能公开学校所有的表彰予以监督审查。

在学校领导班子会议上，孙镜峰校长说，我们每次的评优树先都是面对全体教师进行公开的，可能时间长了老师们就忘记了每次的公示情况了，这样就会有教师对我们的公开公示存在疑虑，那么我们就把有统计以来所有的表彰全部进行汇总，把所有结果进行公开，老师们就能一目了然地知道每年每项表彰都是谁，也能监督我们是不是根据我们的评优树先方案来实施的了。

会后，学校办公室把学校近年来的所有表彰进行了汇总。临淄区委区政府的综合表彰、年度考核优秀、优秀任课教师、优秀德育干部、三八红旗手、最美教师、优秀党员等各项荣誉表彰的名单，按照年度分项进行汇总，在学校工作 QQ 群和微信群进行了公开。

事后老师们反映，没想到学校会这样重视教师的意见，根据公开的所有表彰奖励，未发现有集中到少数人上的问题，也更反映了我们学校各项工作的公开透明。大家看受到表彰的教师名单，他们确实都是工作认真、成绩突出、表现积极的老师，都是干得多、干得好的老师，认识到要想获得表彰奖励，唯有自己努力工作，积极进取。

三、方法公开，一切操作都在阳光下

学校的重要事项，都是学校领导班子形成初步方案，然后集体讨论，再全面广泛征求意见并完善修改后，面向全体进行公开的，方案一旦形成，就要坚决执行。

【链接】"阳光分班真阳光"

一、晏婴小学阳光分班规则

（一）公平、公正、公开原则。公平对待每一名学生，确保所有学生都按照分班方法进行分班，不搞特殊化；严格分班过程，提高工作要求，确保每个环节的科学、严谨；做好过程监督、检查，及时公开分班方法、分班过程和结果，接受全员监督。

（二）全员参与原则。本次分班，将由学校领导、家长代表、教师组成工作小组，做到各方面人员全面参与，享有平等建议权、知情权、监督权，共同做好分班工作。

（三）均衡原则。分班将依据学生的性别、学科素养检测等进行，充分保证各班的整体平衡。

二、阳光分班工作小组

（一）各年级分别建立由学校领导、家长代表、工作人员组成的分班小组。

具体如下：

年级	挂靠领导	工作人员	家长代表
一至五年级	包级部领导、级部主任两人	教务处人员两人	本级部家委会主任及家委会代表

家长代表的组成：本级部家委会主任必须参加，其他班级家委会主任可全员参与，也可以选代表参加（至少1名代表），家长代表的确定由级部家委会主任负责。

（二）工作职责

挂靠领导：负责分班工作的指导、监督、检查，确保分班程序公正和结果公平。

工作人员：负责分班工作的具体执行，做到认真、仔细、不出错误。

家长代表：具体参与分班工作，做好过程监督。

三、阳光分班方法

（一）将上两个学期的语、数、英期末成绩相加，得出总分。

对于后转入等只有一个学期成绩的学生，根据有成绩学期在级部的名次，挂靠无成绩学期相同名次的成绩。

将本级部学生按男、女分成两类，并按总分从高到低分别排列。

（二）根据班级个数，先把男生按照S形从第一组开始分到各组中。具体方法如下：

年级有8个班级的，共分8个大组，将男生按成绩从高到低先按第一组、第二组、第三组……第八组，然后再按第八组、第七组、第六组……第一组顺序分配，再按第一组、第二组、第三组……第八组，以此类推。

年级有9个班级，共分9个大组，男生分配方法同上。

（三）再把女生按照S形从最后一组开始分到各组中。

例如：三年级，将女生按成绩从高到低，先从最后一组开始，即第八组、第七组、第六组……第一组，再按第一组、第二组、第三组……第八组，再按第八组、第七组、第六组……第一组……，以此类推。

（四）将男生、女生合在一起，形成各班级名单。

（五）将分班学生名单打印一式三份，参与分班和监督的人员全体签字。第一份交校长，第二份交包级部领导和级部主任，第三份分班使用。

四、阳光分班抽签程序

1. 召开全体家长会，现场抽签决定班级。

具体安排如下：

9月2日9：00—14：00，分级部在报告厅召开年级全体家长会。

主要议程：

（1）孙镜峰校长介绍分班情况，并抽签确定各班级班主任名单。

（2）由级部家委会主任组织各班级班主任现场抽签，确定各班级学生名单。先抽签确定班主任抽取班级的顺序，然后班主任按照顺序抽签确定本班学生名单。

（3）级部家委会主任宣读各班级学生名单。

2.9月3日（周一），各班主任根据分班学生名单带领学生到新班级，正常上课。

五、阳光分班核查监督

1.9月3日（周一）10：00—11：00，包级部领导和级部主任带第二份分班学生名单，循环检查学生到位情况，一年级检查二年级，二年级检查三年级，以此类推，核对每个学生的到班情况。11：00由核查人员向校长室汇报核对情况，坚决杜绝调班情况。

2.9月4日（周二），校长室组织中层领导带第一份分班学生名单，对各班学生分班到位情况进行核查，按照第一份分班学生名单，一一核对学生姓名。

阳光分班，做到了程序公开、方法公开、过程公开、结果公开、监督公开，完全做到了公开、公平、公正，对学生、家长、教师都是平等的，保障了每一个人应该享有的权利。这样的分班，让学校领导得到解脱，因为没有家长再通过种种关系找学校，让学校领导照顾孩子，因为分班随机、抽签随机，谁都不知道哪个孩子分到哪个班、是哪个教师任课，找什么关系也没有用。这样的分班，让教师能公平地对待学生，认真做好自己的教学工作，因为学生是平等分开的，如果教学成绩出现了问题，那教师就不会再找借口说是学生的因素了，只能从自身找原因。家长全程见证了分班的过程，学校对待每个学生都是公平的，不存在照顾谁的问题，家长就不会怀疑存在暗箱操作。在分班的过程中，学校教师的子女，也全部是按照阳光分班规则，随机分到了各班，没有一个孩子调班。学校的阳光分班规则被区教体局在全区推行。

教师职称评聘规则

国务院印发的《关于深化中小学教师职称制度改革的指导意见》中指出：教师职称评聘工作，要健全完善评聘监督机制，确保评聘程序公正规范，评聘过程公开透明；坚持民主、公开、竞争、择优，切实维护教师的合法权益；坚持重师德、重能力、重业绩、重贡献，激励中小学教师提高教书育人水平。

教师职称评聘能促进教师提升个人业务素质，促进教师专业发展，同时更关系教师的切身现实利益，与个人收入息息相关。学校教师职称评聘工作做得好，可以促进教师在各方面都提升自己，形成竞争上进的良好氛围；如果做不好，会让教师感觉到不公平，影响工作积极性，在校园内形成明争暗斗、斤斤计较、互相拆台的环境，影响学校的发展。

晏婴小学教师职称评聘根据省市区有关政策文件精神，结合学校实际，制定了《晏婴小学教师职称评聘实施方案》，学校教师的职称评聘严格按照方案组织实施。

一、方案制定民主协商，教师广泛参与

学校自 2012 年制定形成了《晏婴小学教师职称评聘实施方案》，每年都会在一些内容上做修改。每年的教师职称评聘工作结束后，针对当年评聘中发现的新问题和出现的新情况，对方案进行修改调整，充分吸收全体教师的意见和建议，特别是当年度参加评聘的每一位教师，都要书面提出自己对方案的意见和建议，专业评审委员会的成员也要结合在评聘中遇到的实际情况，提出对方案修改的建议。学校领导班子集体研讨，提出方案修订征求意见稿，下发全体教师征求意见，再根据征求的意见和建议，集体研究，制定形成试行稿，第二次下发全体教师征求意见，召开教职工代表大会，解读方案，表决签字通过。

【案例】2019 年二届四次教代会提案汇总

一、关于教师职称方面

1. 面临退休教师：本人自从 2012 年调入晏婴小学至今 7 年了，由中学一级教师被低聘为二级教师。马上就要退休了，再也没有聘任的机会了，根据本人和其他老师们的意愿，先提出申请：对于临近退休的人员，因调动而高职低聘的人员，晋级可不再排队，享受自然晋级，恢复原职称。

2. 建议从教满 30 年的高职低聘老教师晋级不再和年青教师排队，直接晋级，退休后自动空出岗位，晋级形成良性循环。

3. 建议工作满 30 年的老教师直接晋升一级。照顾临近退休的教师，谁都有老的时候。

（答复：1、2、3 条，不排队直接晋级与上级政策相违背）

4. 因年龄、身体等各方面因素，建议年龄 50 岁以上的教师常规免检或降低要求，照顾临近退休的教师。

（答复：与职称无关，上级也没有相关规定可以允许年老教师常规免检）

……

二、规则公平公开，引领教师自主发展

孙镜峰校长在全体教师大会上说，职称评聘，不找校长找自己，对照方案，缺什么就在哪一方面努力，评聘结果不用评，自己都能算出成绩来。

学校的职称评聘方案在下一年度评聘的 10 个月前就制定完成了，这样，教师们对照方案，从方案签字通过的那天起就着手准备材料，哪方面不足，就提升自己的哪一方面。职称评聘方案也成了教师专业发展的指导方案，对教师专业发展起到了引领作用。

【案例】我的晋级经历

曾经我对"晋升职称"这四个字没有具体的概念。那时我的教学工作做得非常惬意：每天按时完成常规的教学工作就在教学上不再增加一分一毫的精力，哪怕是利用业余时间批改一本学生的作业。这样几年下来，教学工作做得还算顺利，没有明显的工作过失，也没有值得骄傲的一丁点属于个人成长的收获。

我一直忘不了 2012 年的那段经历。

学校下通知：有晋升职称意愿的教师上交个人的晋级材料。因为从来没有"晋级"的观念，所以我一如往常地将学校的这项通知置之度外了。

那天早上，我走出办公室，正好遇到孙校长，孙校长问我："郭老师，你没交晋级材料吗？"

"孙校长，我没有可交的材料哇！"

"噢！"

孙校长继续查校园卫生去了。我也来到卫生区，领着学生清扫卫生。

没过一会儿，孙校长来到我们班级的卫生区，跟我说："郭老师，我觉得你还是交上材料排名试试吧。如果今年排不上，看看需要补哪方面的材料，才能有针对性地做准备。"

就这样，在孙校长的鼓励下，我将自己手中少得可怜的材料整理好，交到了学校职称评聘委员会。结果可想而知。

在这次经历以后，我充分认识到了个人努力的作用：作为一名教师，只做好课堂教学是远远不够的，要学会参与、学会学习，在参与和学习中才能不断地提升自己。

于是我开始关注学校公布的与教育教学相关的各级各类比赛和评选。在这个过程中，我积极参与各级各类的教育教学比赛，收获了相应的奖励，也提升了个人的教育教学能力。

其实在参与这些比赛和评选中，比成绩更大的收获是领导和同事的关怀和帮助。虽然我进步很慢，但是在大家的关心和帮助下，我也收获了不同以往的成长和成绩。

虽然自身的能力有限，但是在参与的过程中也积累了个人成绩，我手中有了些许个人荣誉和表彰。每年的晋升职称季我都会将个人材料交上去，但是因为自己起步晚，手中积累的相关材料少，每年晋升职称核算成绩之后，只能从慢慢增长的个人成绩中增长一点信心。

就这样坚持了四年，在 2016 年的晋升职称中，我获得了晋升一级教师的资格。

三、材料晾晒，让职称专业评聘委员会用数字说话

教师职称专业评聘委员会，是教师职称评聘工作的办事机构，也是教师职称评聘的最高权力机构，专业评聘委员会对评聘过程中的异议有裁决权，产生最终评聘结果。学校领导班子对评聘结果只有监督权，没有否决权。

学校教师职称专业评聘委员会由级部教师民主推荐产生。每个级部推荐一名责任心强、坚持公平正义、在本级部教师中威望高的教师作为成员，学校工会推荐一名监督委员，学校教师职称工资负责人（非学校中层及领导班子成员）作为组织委员，共7人组成学校教师职称专业评聘委员会。学校领导班子在评聘过程中不参与评聘工作，只对评聘过程、结果进行监督。在评聘结果公示之前，校长不知道参评教师的成绩以及他们的排名位次，也无权更改任何一个人的评聘成绩。评聘结果出来后，经反复核对无误，专业评聘委员会的7人都在每一位参评教师的评聘成绩表上签字确认，任何人都无法更改成绩。

学校职称评审工作，评聘过程公开，评聘结果公开，接受民主监督。在专业评聘委员会对评聘成绩核对无误后，组织参评教师，对每位教师的参评材料进行"晾晒"。所谓"晾晒"，就是每一位参评教师对自己的每一项得分进行核对，同时对任何一位参评教师的评审材料、得分进行核对监督，任何参评教师都可以查看其他人的参评材料和得分，现场核对，有异议现场提出，由专业评聘委员会现场答复。"晾晒"过程中对他人的材料和成绩以及自己的材料和成绩无异议后，参评教师现场在自己的职称评聘成绩表上签字认可。"晾晒"过程全程录音录像，作为过程性材料，以备核查。职称评聘材料和成绩的"晾晒"，让职称评聘全部都在阳光下进行，做到了完全的公平、公开，得到了教师们的认可，学校职称评聘工作没有一位教师提出问题。

全体教师民主参与 →	根据职称评聘实施情况，进行方案修订 ←	
教师行使民主权利 →	修订方案教代会表决通过	
教师民主监督 →	新方案公示公开	
民主选举级部代表 →	级部推荐组成专业评聘委员会	学校领导班子全程指导监督
保障教师知情权 →	召开全体教师会议，传达上级评聘文件精神，公布上交材料时间及要求	
教师全程现场监督 →	规定时间内现场收取教师评审材料，每人一个档案袋，现场核对材料清单，现场封存，到截止时间，密封材料箱	
	专业评聘委员会独立核算成绩	
教师民主监督 →	教师评聘材料、成绩现场晾晒，全体参评教师互相查看材料，现场录像，专业评聘委员会现场解答教师疑问	
全体教师民主监督 →	参评教师签字认可，公示成绩	
	上报评聘成绩 ←	

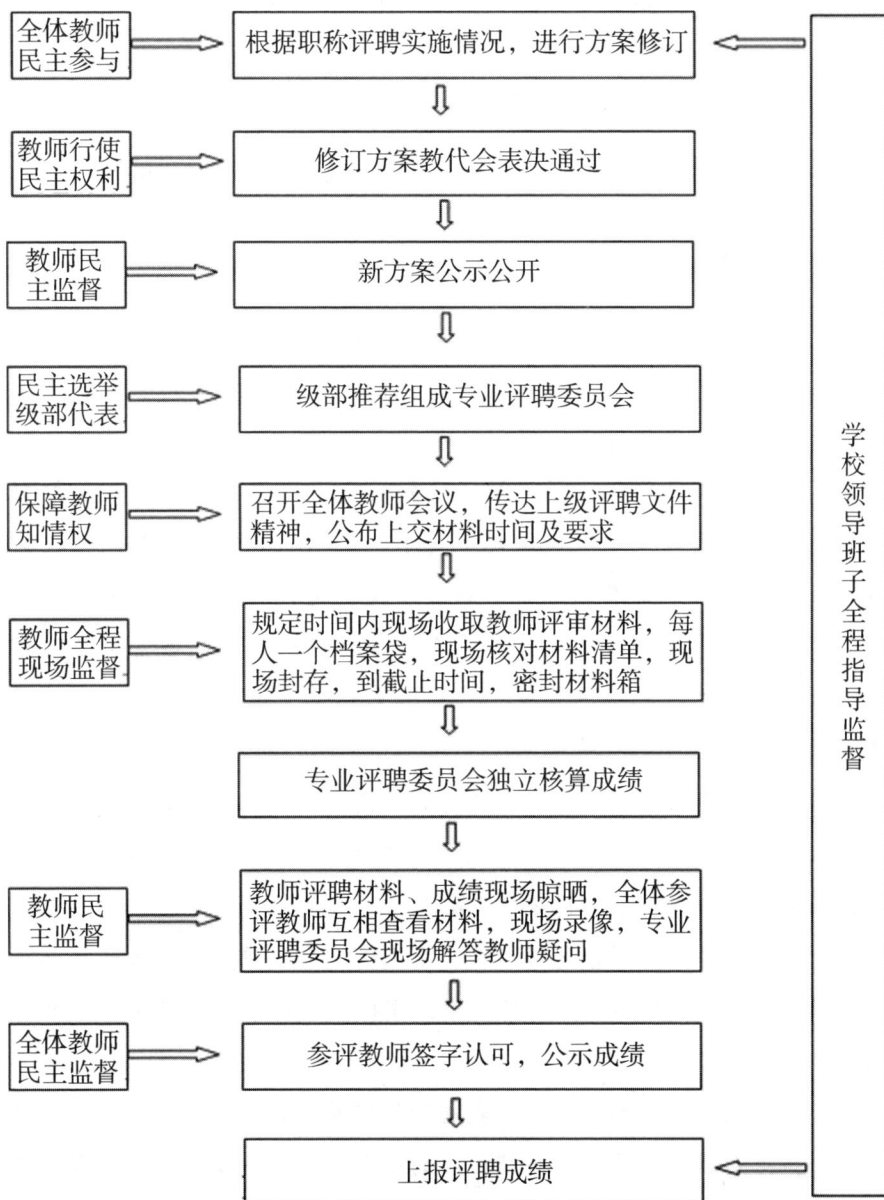

晏婴小学教师职称评聘民主参与监督流程图

51

【案例】职称评审"阳光"晾晒

我是晏婴小学一名普普通通的教师，2016年，我参加了学校的中级职称评选，深刻感受到了学校职称评聘制度的公开、公平与公正。

开学之初，孙校长就在全体教师会上下了通知，让有意参加职称评选的教师们提前准备材料，并由每一个级部推选出一位德高望重的教师参与职称评聘工作，确保工作的公平与公正。10月份，职称评聘的通知下发了，学校在第一时间告知了全体教师，并且明确了截止日期。因为提前有所准备，所以接到通知后我没有手忙脚乱，只是把自己的材料按照要求又理了一遍就上交了。上交的时候，我看到学校为每一位晋级的教师都准备了一个箱子，我把材料放进去，与负责教师进行了对接。到了下午四点钟，装着教师材料的箱子就被密封了，再交上来的评聘材料都不再算数。看到这里，我再次感叹学校工作的周密与严谨。

经过评审团教师们加班加点的努力，两天后职称评选的排名有了结果，但是学校并没有马上张贴到校务公开栏中，而是在会议室里将所有参评教师的材料进行了"晾晒"，教师们可以随意检查其他任何一位教师的材料是否真实、得分是否准确，全程有两部录像机进行录像，真正做到了透明。确保无误后，才在校务公开栏中进行张贴，接受全体教师的审查。

职称评选工作顺利结束了，我也如愿以偿地晋升了中级职称，在欢喜之余，更是佩服学校职称评聘制度的公平、公正，佩服评选过程的严谨与透明。

四、分级聘任，让规则保障优秀者的权益

为激励教师积极工作，提升教师待遇，学校充分利用上级政策，制定了教师专业技术职务分级聘任制度，维护教育公平正义，确保优教优酬。分级聘任制度提高了教师们的待遇，增强了职业的吸引力，充分调动了教师们工作的积极性。分级聘任每年一聘，增加了竞争性，教师也有了压力和动力，他们时刻严格要求自己，认真工作，积极迎接新一轮的聘任考核。

【案例】晏婴小学专业技术职务分级聘任"十步法"

第一步，制定聘任方案。学校每年多次征询全体教职工对分级聘任的意见和建议，最后经教职工大会通过，全体教职工签字同意后实施。

第二步，评委大家推荐。学校的竞聘专家推荐委员会由各级部教师民主推荐人员组成，负责对参加竞聘人员的品德、知识、能力、业绩和专业水平等进行综合评价，提出竞聘意见。7位评委都要对参评人员的材料打分进行签字确认。

第三步，提前举办培训班。分级聘任开始以前，学校首先组织全体教师认真学习研究分级聘任方案，对照方案提前准备所需材料，防止出现仓促上阵、丢三落四，避免产生矛盾。

第四步，学校公布聘任岗位。学校竞聘上岗领导小组面向全体教师公布岗位数量及岗位职责、岗位聘任条件等事项。

第五步，个人提交书面申报。教职工根据岗位聘任条件，在规定时间内由个人书面向学校竞聘上岗领导小组提交《专业技术人员岗位聘任申请表》，并提供相关申报评审材料。对申报材料中弄虚作假等行为，实行"零容忍"和"一票否决"，取消其竞聘资格。

第六步，评委核算教师积分。教师民主推荐的评委负责审核各位教师提交的各种材料和对参加竞聘人员进行综合考核，并注重教书育人业绩和一线教学实践经历。评委会还要组织全体教师进行公开晾晒和评委现场答疑，做到完全公平公正公开，并解答每位教师的疑问，不让一位教师带着疑问回家。

第七步，公示拟聘人员。学校将参加分级聘任人选的申报材料和专家委员会签字确认的《分级聘任教师成绩统计表》在学校显著位置公示5个工作日，公示期满无异议后，参聘人员签字确认。学校将分级聘任结果上报主管部门。

第八步，签订聘任责任书。学校与教师签订分级聘任岗位职责责任书，教师履职。学校加强聘后管理。

第九步，变更聘用合同。分级聘任结果由上级部门审核返回后，学校和聘用人员依据竞聘结果对聘用合同的相关内容及时进行变更。

第十步，聘任期满进行考核。一年聘任期满后，进行分级聘任期满考核，教师填写《分级聘任期满考核鉴定表》，学校的竞聘专家推荐委员会负责对参加竞聘人员的本年度的履职情况提出考核意见，作为下一轮岗位聘用的依据。

分级聘任，越公平则教师的干劲越足，越公正则教师越信任学校，越公开则学校的风气越好。分级聘任，评出了干劲，评出了信任，评出了正气。自实施分级聘任制度以来，没有一名教师因分级聘任和职称评聘向上级投诉。

第三节　成于共治

共治即为共同治理，出自《昭明文选·曹元首·六代论》"先王知独治之不能久也，故与人共治之"。学校的建设与发展离不开共治，只有共治才会有长远的发展。现代学校要实现持久、优质的发展，就要不断完善面向未来、以学习者为中心的现代教育体系，加快推进教育治理体系和教育治理能力现代化，为建设现代教育强国做贡献。要建设现代教育体系，必然会涉及教育治理。教育治理不同于政府治理，更应该把权力向师生和家长让渡，通过学校的主导、多元治理实现"共治"。

晏婴小学现代学校治理中主要理顺学校与学生、家长、教师的关系，让各利益相关者参与其中，寻求各方利益的最大公约数。首先，学校领导不断转变思想，将学校定位于为学生发展服务的共同体，让学生站在学校一切工作的正中央，找准工作努力的方向。其次，通过制定完善的教职工代表大会、学校家长委员会、校务委员会、学生红领巾理事会等规则，充分调动学校师生和家长广泛、有序参与共治，保障了广大师生和家长的权利。最后，放权到基层，从"管治"到"管理"再到"共治"，扁平化管理让上下同心、高效运行，提升了管理实效。

教代会提案议事规则

教职工代表大会是我国广泛应用的教职工依法参与学校民主管理和监督的基本形式，在民主治校中占有重要地位。教职工代表对学校发展的重大问题和师生关注的焦点问题的意见建议需要通过提案的形式来表达。提案是教职工代表民主治校、参政议政、行使权利的重要载体。教代会提案工作是学校依法办学、民主治校的重要一环，提案能否落实直接关乎学校的事业发展和教代会权威。晏婴小学历来重视教代会工作，不断优化提案议事规则，切实提高教职工参政议政程度，加强了学校制度的合法性和权威性，增强了学校的凝聚力和向心力，营造了和谐校园环境。

一、规范化使提案议事工作更具合法性

为更好地做好提案议事工作，我校专门成立了提案工作委员会，规范提案议事工作。提案工作委员会由教代会执委会在广泛征求各代表团意见的基础上，在教代会执委会会议上通过，由孙镜峰校长亲自兼任主任，并设副主任2人、委员3~5人，委员实行常任制，任期与教代会届期相同，若届内委员因工作变动原因调整，需经教代会执委会确认。提案工作委员会下设办公室，具体由校工会负责提案的分类、分发、转办、协调和汇总工作。通过对提案工作委员会规范化的管理，我校的提案议事工作实现了由原来的"散、乱、弱"向"集、精、强"转变。

【链接】晏婴小学教代会组织规范（节选）

学校教代会是教师行使民主管理和民主监督权利的运行机制的重要载体，要把它放在与学校发展和教职工整体发展相统一的高度上来认识。为进一步规范教代会组织程序，现提出如下要求。

1. 学校应每年定期召开教代会。学校工会作为教代会的组织机构，要做好会议的组织筹备等各项工作，把教代会开成凝聚人心、统一思想、提升标准、促进发展的大会。

2. 要进一步引导教师提高对教代会工作的认识。教职工应充分意识到自己的主人翁地位，深刻理解《规程》中规定的职权，主动投入学校建设。通过教代会工作主动认真地思考学校各项工作，思考怎样更好地为学校发展做贡献，怎样更好地为教职工服务。

3. 发挥教代会对学校治理的推进作用。学校要尊重教师权利，在教代会举行期间，落实审议建议权、审议通过权、审议决定权和评议监督权四项权利及在权利范围内教师提出的对学校的正当要求，鼓励教师参与和监督学校各种管理行为，使提案议事工作更具合法性。

……

二、民主化使提案议事工作更具广泛性

从学校的治理来讲，要让学校的每名教师都成为规则之治的参与者，使他们在参与规则制定的过程中成为主人、得到尊重、发挥能量，从而促进学校的发展。所以提案议事工作就成为教师参与学校治理的一条重要途径而显得尤为重要。

晏婴小学在教代会召开前半个月左右，由校工会或教代会筹备小组召开会议，向全体教职工和教代会代表通告提案征集的有关注意事项，动员大家积极向大会提交提案，做好提案征集工作。由校工会印发提案

表，在教代会筹备工作开始前一周发给教代会代表，让教师们有充分的时间来发扬民主，体现话语权。

【案例】教代会提案让我有了民主意识

以前，我认为学校召开教代会基本上与我没有关系，就是学校领导召集部分教师开个会，造个材料，跟我们大多数普通教师没有什么关系。会议结束，学校最后的决定老师们执行就是。可是，现在来到晏婴小学，学校召开的教代会彻底颠覆了我以前的认知。

在晏婴小学，教代会人人关心、人人关注，提案民主、公开公正，成为所有教师发表意见的平台。在开教代会之前，学校在教师例会上就提出要求，要把自己关心的学校发展、个人发展等方面的问题提出来，只要你提的合理，学校就会采纳。在晏婴小学，人人都是代表，人人都参加教代会，所以人人都有发言权。我们级部的老师也多次开会商量，我们给学校提什么建议呢？我提出，学校在组织班主任外出学习方面是一个薄弱环节，影响了班主任的专业发展，应通过外出学习拓宽班主任视野。大家觉得这个建议很好，就写入了我们级部的提案中。

在学校的教代会上，孙校长给我们作了提案解答，针对我提出的这一条，学校的答复是全部采纳，并将列入学校工作计划，定期进行组织。这个提案还受到了学校的表扬，因为对学校发展有利。学校的解答也很受老师们欢迎。

通过这件事，我一下子感觉自己很了不起：我不仅是个老师，还是学校的主人，还能为学校发展出谋划策，以后要更多地发挥自己的能力。

三、科学化使提案议事工作更具权威性

提案代表了教师的心声。要想做好提案议事工作，相应的制度建设必不可少。否则，教师在征集提案时会不考虑提案的实际可行性有多少，可能会一味地站在个人的立场上提出建议。学校提案工作委员会要在提案的征集、审查与立案、办理方面制定相应的制度，并形成长效机制，以引领教师科学、规范地履行职责，为开好教代会建言献策。

【案例1】晏婴小学提案征集制度（节选）

第1条 提案人和附议人须是本届教代会的正式代表，提案人应以认真负责的态度行使提案权，提案力求建立在一定的调研基础上，注重科学性和可操作性，以保证提案质量。

第2条 提案由教代会正式代表提出，正式代表2人以上（含2人）附议后才能进入提案审查程序。提案的撰写、附议均在教代会网上提案系统实施。

第3条 提案的格式：

提案人在撰写提案时，须一事一案，提案必须包括以下三部分内容：

（一）提案名，即要求解决的问题题目。

（二）提案事由，即提案人应说明提出本案的原因、依据和情况分析，最好有可行性调查。

（三）建议或措施，即提案人应提出解决问题的建议或措施。

第4条 提案的要求：

（一）符合党和国家方针、政策、法律法规的有关规定；

（二）坚持严肃性、科学性、可行性。代表可以对涉及学校改革与发展全局的工作以及教职工普遍关心的重要问题建言献策；

（三）符合学校实际且属于本校和本届教代会职权范围内能处理的问题；

（四）符合提案规范。

……

四、精准化使提案议事工作更具责任性

只有把教代会提案工作落到实处，才能使广大教职工关注提案工作，才能从源头提高教职工的积极性，从而加强学校的民主政治建设。提案工作委员会按照提案办理制度对承办部门进行督促与考核，对办理情况进行评价，及时评选优秀提案及优秀提案承办部门，突出提案的落实与责任，做到"事事有回音，件件有落实"。

【案例】晏婴小学提案办理制度（节选）

第 1 条　提案办理根据提案内容，归类归口办理。提案工作委员会将准予立案的提案提交校长办公室进行会签，确定主承办部门和协办部门。

第 2 条　提案承办部门收到提案后，应认真及时研究办理提案，提案办理工作应当有领导分管，有专人负责，并在规定时间内提出办理意见。

第 3 条　提案办理要认真负责，注重实效。凡有条件解决的，要及时落实；因条件所限一时不能解决的，要列入计划，创造条件，逐步落实；确实无法解决的，应实事求是说明理由，解释清楚。对涉及两个以上部门协同办理的提案，主办部门和协办部门应积极配合，协商解决。

第4条 承办部门应主动加强与提案人的沟通，可采取沟通会、个别走访等方式听取提案人的意见，共商提案解决的办法，并征询提案人对提案办理的意见。如提案人对提案办理结果不满意，承办部门应重新研究，作进一步的答复。

……

学校扁平化管理实施规则

晏婴小学自 2010 年建校以来，随着学校的不断发展，生员、教职员工也急速扩容。到目前为止，学生已超 2000 余人，教学班 43 个，在职教职工有 110 多人，学校规模的扩大给我们的管理带来了新的挑战。从 2015 年开始，学校就发现传统的金字塔式的层级管理模式已经不再适应学校发展。教师多、学生多、机构多、层级多，造成了管理信息反馈慢且丢失严重的弊端，弱化了学校规章制度的执行力，形成了许多管理死角，出现了一些不和谐的等、拖、靠、攀的现象。

为了进一步改进学校的管理机制，全方位提升学校管理的工作水平，提高教职员工工作的积极性、主动性和创造性，使学校管理工作发挥最优化效益，以校长为首的校领导班子积极改变传统的管理模式，由原来的金字塔式的层级管理改为扁平化管理，形成了我校的管理特色，提升了管理效益。

一、管理重心下移权力下放，各年级以"段"开展工作

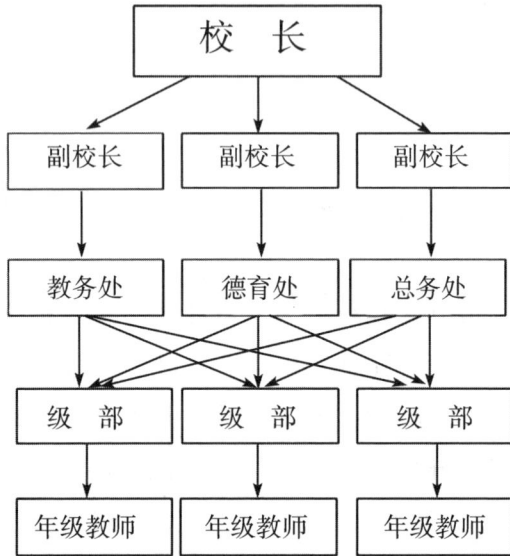

金字塔式管理图

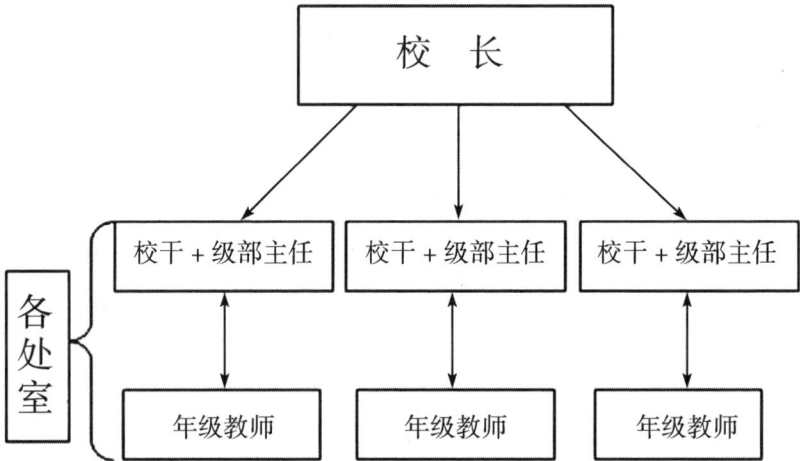

扁平化管理图

由原来的"校长—副校长—处室—级部—教师"五级管理，变为"校长—校干+级部主任—教师"三级管理，同时各处室充分包建各个年级段。权力下放到各个级部，每个级部全权负责本年级段教育管理和教学工作的策划、落实与反馈。同时，班主任和任课教师一直处于教育教学一线，对学生最了解，他们可以直接找包级部校干和处室反映问题。这就是以各年级为"段"的负责模式。这种组织结构，使校领导权力下放，管理重心下移，级部主任的权力扩大。级部主任要独立处理本年级"段"的教学、德育工作，负责教师分工与管理、学生管理等工作。

【案例1】校干与级部主任承包制彰显级部特点

每个年级的特点不一样，一年级"不懂事"，二年级"听话"，三年级"活泼"，四年级"叛逆"，五年级升学，可以根据他们的特点有针对性地开展活动。实行校干与级部主任承包责任制，责、权、利明确，我的地盘我做主。年级工作主动性强，年级的承包制营造了竞争的氛围。以前，当上级的一个活动下发需要完成相应工作时，每个级部"领旨、照办"，重复性的工作做了一遍又一遍，学生不喜欢，教师厌烦，工作无意义无效果。自从扁平化管理制度实施后，重复性的工作、无意义的工作不再出现，而级部特色工作却开展得如火如荼。在庆祝新中国成立70周年之际，上级要求学校组织相应的有意义的活动。按以往传统，学校将集体开展一项活动即可，单一、简单。而实施扁平化管理制度之后，通知下发到级部，由包级部校干和级部主任组织级部教师各抒己见，吸取好的建议制定方案和计划并付诸实施。通过这样的方式，各级部组织的活动结合了本年级学生的特点，使主体不同、活动多样、不重复、有意义、受欢迎。一年级的"认识我的祖国妈妈"；二年级的"我为祖国妈妈唱首歌"；三年级的"为祖国妈妈画张像"；四年级的"赞祖国妈妈之情";五年级"书祖国妈妈之爱";在不同的主题下开展相应的适合孩子的活动，不仅能让学生感受到活动的快乐，还能让学生从内心感知到活动的意义和价值。

【案例2】说说我校的校干包级部管理

今年，晏婴小学已经整整10岁了。从刚建校时的校长一手包全盘，到后来的级部管理，再到现在的校干包级部自主管理，晏婴小学在民主管理上可真称得上是一步一个脚印，一步一个台阶。

2010年9月晏婴小学建校之初，连校长带教师一共44人，不到10个教学班，三四百名学生。新建学校无论是各项规章制度的建立，还是学校建设的后期完善，乃至全校师生的管理，都是从零开始，边摸索边前行。学校各处室分工不够明确，工作运行中各处室的配合也需要磨合，无论大事小事都需要孙镜峰校长一把抓。如此一来，不仅孙校长工作负担重，而且全校的工作效率也不够理想。但是全校教职员工心往一处聚，劲往一处使，解决问题，克服困难。在工作实践中，我们一直致力于找到提高工作效率、进行民主管理的有效方法。

近年来，学校上到各级校长的管理分工、各处室的管辖范围，下到每个教师的工作目标，都有了越来越详细而明确的分工，学校各方面的工作也都有了长足的进展，取得了显著的成绩。

2019年9月初，孙校长宣布实行校干包级部的管理方法。学校对五个级部进行管理评比，级部内的大事小事由分管校干和级部主任共同决策，教师各项工作在级部内进行考核，每年的评优树先也在级部内按考核成绩推选。这样一来，分管校干和级部教师就成了一个工作共同体。校干的管理分工更明确了，与一线教师的交流与沟通明显增多；而教师们有了校干和级部主任的领导，分工目标更详细，干劲儿更充足。他们相互协作、共谋共策，为了管好学生、抓好教学，校干和教师们同心同力，共同致力于晏婴小学的长远发展。

校干包级部的管理方法经过一个学期的试运行，效果还是非常显著的。在2020年1月份的区学科调研中，我校五年级级部在付玉杰助理的带领下，取得了全区综合测评第一名的好成绩。好成绩的取得离不开教师们辛苦的付出，更得益于学校推行的校干包级部的管理方法。而且我相信，在日后的学校工作中，校干包级部的管理方法将会更加彰显其管理优越性。

二、减少管理层级，各处室为"线"开展工作

教务处、德育处、总务处对年级主要起指导、引导和督导的功能，在全校五个级部协调各自分管的"线"上的工作，不再是原先的垂直领导关系。级部工作相对独立，有相应的人事权、教育管理权、教学指挥权，可以结合本级部特点进行直接领导和指挥。

【案例】淡化处室的领导职能，当好级部的"参谋长"

随着管理权力下移至各年级组，各处室不再过多地干预年级组工作，而是及时地为各年级传达上级信息，深入教师、学生中了解情况，提出具体的指导性意见，为年级组提供必要的服务。例如本次的全区学课大评比，原来都是处室制定方案后让级部按照要求去做，现在就改成由级部具体负责，处室配合。教务处的刘主任每天都会来我们五年级办公室，与学科教师交流，为教师们提供好的经验，同时为我们的教学计划、复习计划、学生阶段性诊断等提出宝贵的意见和建议，真正成为级部的"参谋长"。

经过几年的磨合，我校无论是在德育管理方面还是在教学管理方面，都是遥遥领先的。不客气地说，以前各处室管理、教学"两张

皮"，传统的教学过程存在着只教书不管理的现象，传统的学校管理环节多、过程烦琐、效率低下，与教学工作相分离。通过实施扁平化管理后，开展"串门式管理"模式，改变了每个处室管理人员的工作作风，把管理者变为服务者、变成参谋长，唤起了教师们爱岗敬业的热情。

扁平精细化管理的落实应抓住重点，减少虚化的会议，实事求是，做到每项事务有安排、有落实、有检查、有通报、有反思、有总结。在"交叉、合作，突出工作重点"的理念引导下，奉行"服务于教师、学生的需求，成就教育"的原则，基本形成了"后勤服务于前勤，处室服务于级部，领导服务于教师，教师服务于学生，全校服务于教学"的工作思路。这种接地气的工作方式深受教师们的赞许，各处室的领导都成了级部的"参谋长"，更亲昵一点说，成了级部的好"兄弟"好"姊妹"，服务于级部的日常工作，使学校的工作开展得顺利且富有特色。

三、环环相扣，形成系统化运行

管理的创新使学校各方面工作实现动力运行，逐步形成科学规范的决策系统，各处室、各年级相互配合支持的执行系统，由德育处、教务处、总务处等负责落实的开放式参谋系统，学校班子会、处室例会、级部例会有机结合的反馈系统。通过这四个动力系统，学校各项工作犹如装上了动力装置，实现高速、高效运行。其关系结构图如右：

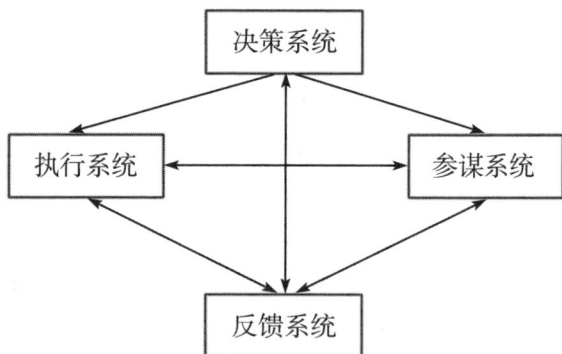

管理动力系统图

【案例】扁平化管理让教师更有凝聚力

学校通过扁平化管理，精简了中间管理层，加快了决策速度，提高了管理时效性，调动了教师的主动性，成为我校规则之治的一大亮点。

以前每学期学校确定总目标，各处室、各年级制定分目标，教师感觉跟自己没什么关系，自从学校实行扁平化管理后可不一样了，为什么呢？因为教师变成了学校的主人，每一位教师工作的主动性、积极性都会牵涉个人利益、级部利益、学校利益，所以让教师认识到了"多劳多得"的真正含义。现在每学年学校都采取"公开岗位、双向选择、平等竞争、择优聘任"的竞聘制度，教师能够找到适合发挥自身作用的岗位，形成"事事有人管，人人有事做，人人愿做事，事事能做好"的运行机制。分管校干与级部主任全权负责本年级的教育教学和其他方面的管理工作，实行教育教学的全过程跟踪，强化过程管理。各年级在业务上接受各处室的领导、帮扶、评价等，在具体工作中可根据本年级的具体情况创造性地开展工作，发挥级部的团队精神，并发挥个人特长及个人优势。

在期末时学校进行工作考评，奖优罚劣。学校每学期对各年级、各处室的目标完成情况点面结合、分层考评。各年级根据教师的教学常规行为、学生评价等要素对教师进行考评，对级部、备课组、班主任、任课教师进行量化管理和考评，将考评结果上报校务办公室，全校进行联评，作为年终考核、职称晋升、评优树先、绩效工资发放的主要依据，这些都是与我们每一位教师息息相关的。扁平化管理让我们每一位教师真正地看到了自己发展的前景与方向，我们只有真正投身于学校的管理和发展，才能真正实现自我的价值。

第二章

教师：基于规则的育人主体

第一节　始于信任

　　现代社会中的信任关系是一种社会复杂性的简化机制，对于组织的长期成功和长远生存具有重要意义。不少研究证实，信任会促进社会功能和个体行动，比如促进工作态度的改善、内部冲突的解决、交流沟通的顺畅、工作绩效的提升等。教育信任是一般信任在教育场域中的特殊形态，它是教育主体对教育世界及其人事的可信性的肯定性反应①，主要体现为教育参与者对教育系统的相互信任。教师作为教育事业最为直接的执行者，自身主动加入教师这一职业群体的行为，表明教师个体相信教育事业和教育制度能够促进个体良好发展。另外，教育系统和制度对于教育个体的信任在本质上体现着教育行政参与者对于教育个体的信任。教育行政参与者充分信任教师的专业知识水平和师德素养，能够激发教师充分发挥个人内在潜力，从而促进社会教育事业的更好发展。同样，教育系统中的最小单位——学校的信任会影响教师工作的积极性，进而影响教师的个人绩效和学校的整体效能②。从教师对学校产生信任的方式来看，一方面教师通过理性计算和思考，认为学校的行为、发展

---

　　① 曹正善，熊川武．教育信任：减负提质的智慧［M］．上海：华东师范大学出版社，2009：12-15．

　　② 肖贻杰．高校组织信任的涵义及其调查分析［J］．教书育人·高教论坛，2018（12）：30-32．

能够给自身带来利益，所以选择相信学校；另一方面，学校对教师的各种管理方式，使教师感受到学校的关心和尊重，从而产生一种情感上的信任①。

近几年，晏婴小学从组织信任各维度开展深入研究，以提升教师的主观能动性为目的，相信教师的能力和智慧，放手让教师实践自己的教育理念，自主提升专业水平，完善了对教师专业发展的各种正面激励制度和规则，促进了学校的良性高位发展。主要表现在以下三个维度：一是有关制度信任的规则。学校通过教代会、学校评审委员会等组织方式，让每一名教师参与学校考核制度、常规检查制度、考勤制度等的制定和完善，增强其对学校公平合理性的信任程度。二是有关情感信任的规则。学校通过校长信箱等方式吸纳教师的合理化建议，结合教师的现实情况，完善学校考勤制度，针对哺乳期、外地婚嫁、恶劣天气等情况补充弹性请假规则，体现制度的人性化关怀，增强教师对学校的情感认同。三是有关认识信任的规则。随着学校的发展，学校相继出台了《关于鼓励教师出版学术专著的实施办法》《课程整合教师专项考核办法》等，加大学校对教师科研工作和教学工作的支持力度，让教师能自主决定自己的科研活动，能自主决定自己的教学活动，能自主安排自己的课外时间，促进了教师的专业发展。

教学常规免检规则

教学常规是指用规章制度将教学工作中最基本、最需要做到的要求、做法、环节、阶段等明确化、具体化、可操作，并落实到教学工作中去。多年来，教学常规是"规范"的。教师备课的教案要规范，怎

---

① 孙蕾，阎凤桥. 民办高校教师对学校信任程度及类型的计量分析 [C]. 2005 年中国教育经济学年会会议论文集，2005：691-701.

么复习旧知，怎么传授新知，怎么巩固知识，怎么进行练习，怎么布置作业等，教师都要在备课本上写得清清楚楚，甚至每一个教学环节需要几分钟，也要分配得准确无误。教师上课时，就要一板一眼地按照备课的程序进行，即使是一个问题没有解决好，也要按照常规转到下一个环节。值得我们反思的是，那些教学常规对教师起到了什么作用？如果说是为了管理教师，我们就会想到，管住教师是教学目的吗？显然不是。许多教师在那些教学常规的管理之下，变得"规矩"了，规矩地没有了自己的教学思想，规矩地舍弃了自己的教学方法，规矩地不思进取。

华东师范大学课程与教学研究所刘良华教授在他的文章《没有"解放教师"，谈什么专业成长》中写道："教师没有自由的时间发展自己的专业。教师整天疲惫不堪地穿行在备课、讲课和评改学生的作业等烦琐的劳作之中。教师的时间被各种琐碎的事务分割、接管，教师没有了阅读、思考和自由创造的时间。当教师的阅读、思考和自由创造的时间被取消之后，教师的专业成长要么成为强迫和累赘，要么成为空想和笑柄。如此发展下去，教师迟早会拒绝专业发展。"所以，只有当教师的个性空间扩展到最适宜教师改革探索的时候，学生的全面发展才能实现，中国教育改革预设的教育目标才能实现。所以，相信教师、为教师专业成长提供适宜的生存环境，只有一条出路：打破常规。

教学常规免检规则就是为了进一步解放优秀教师的思想，促进教师积极从事教育科研和创造性地开展教学工作，对部分教师的全部或者部分教学常规项目进行免检的规则。《晏婴小学教师教学常规免检方案》经过近几年的探索，逐渐趋向完善、成熟，促进了教师的专业成长。

一、广泛调研，体现规则制定的民主原则

一套新常规的出台，就是一个阶段教学工作的新起点，它定下的是一套等待广大教学工作者去看齐的目标，更是可以超越的目标。既然这样，一套常规的出台，就理应是调动所有教师的积极性和主动性，集思

广益、博采众长，才能成为教学工作的一股强大的推动力，提高整体教学水平。

【链接】晏婴小学关于教学常规检查的意见和建议征求表（节选）

……

二、关于教学常规检查的问卷内容

1. 您的教龄是 （　　）

A. 0～3 年   B. 3～10 年

C. 10～20 年   D. 20 年以上

2. 您每周上课的课时数是 （　　）

A. 20 节或以上   B. 16～20 节

C. 10～16 节   D. 6～10 节

E. 6 节以内

3. 您日常准备一节课所用的时间大约是 （　　）

A. 2 小时或以上   B. 1.5～2 小时

C. 1～1.5 小时   D. 0.5～1 小时

E. 0.5 小时以内

4. 您认为哪种备课方式更有效 （　　）

A. 从头到尾独立思考并敲击出文字

B. 在组内教师集体备课的基础上进行修改提升

C. 省出书写和填表格的时间，在教本上进行重点标注

D. 在原来教案的基础上进行二次修改提升

5. 您批改一次作业所用的时间大约是 （　　）

A. 2 小时或以上   B. 1.5～2 小时

C. 1～1.5 小时   D. 0.5～1 小时

E. 0.5 小时以内

6. 您批阅一次学生单元过关所用的时间大约是 （　　）

A. 2 小时或以上　　　　　　B. 1.5~2 小时

C. 1~1.5 小时　　　　　　　D. 0.5~1 小时

E. 0.5 小时以内

7. 您认为批改作业和单元过关所用时间长的原因是 （　　）

A. 批阅速度慢

B. 形式主义的批阅方式占用时间过长

C. 批阅方式的落后和要求刻板占用时间过长

D. 其他

8. 你参加一次教研活动或者集体磨课所用的时间大约是 （　　）

A. 2 小时或以上　　　　　　B. 1.5~2 小时

C. 1~1.5 小时　　　　　　　D. 0.5~1 小时

9. 您认为什么原因会降低您参与教研活动的积极性 （　　）

A. 可以学习的东西少

B. 按要求书写的内容过多影响学习效果

C. 内容和形式刻板

D. 其他

10. 您认为现在的教学常规检查的内容及形式有哪些弊端？

11. 对于教学常规检查，您有什么好的建议？

……

二、能上能下，底线思维和个性发展相结合

2015 年 11 月 2 日，《晏婴小学教师教学常规免检制度（试行稿）》正式发布，该制度采用自我申报、民主评审、分层免检、期末考核的动态管理模式，既确保大部分教师能够"规规矩矩"地扎实落实教学任

务，又确保部分优秀教师的个性创新。

1. 自我申报。教师在自我申报的过程中，会不断反思自己的教育教学行为，对自身管理、教育活动开展和后续研究水平的提升进行充分的评估，提交免检申请。

2. 民主评审。在这一环节中，由各级部推荐 2~3 名教师组成评审团，根据教师提交的申报材料及现场答辩，进行评议打分，据此产生享受免检政策的人员。这样的民主评审，既为每位申报教师搭建了公平竞争和互相监督的舞台，又会让评审团的教师传递评审信息，给所有教师树立一个优秀的标准。

3. 分层免检。根据申报教师的教育理念和教育水平的差异性，将会产生三种结果：一是享受免检制度中的所有免检项目；二是享受免检制度中的部分免检项目；三是不能享受免检政策。这样的分层免检设计，会让教师真正认识到：只有专业不断地成长，才能享受更加丰厚的政策红包。

4. 期末考核。每个学期结束后，学校评审团会根据《晏婴小学教师教学常规免检制度》做好两件事情：一是对原有免检教师进行期末考核，根据考核成绩确定下个学期是否继续享受免检政策；二是对其他提出申报的教师进行评审，对免检人员进行动态调整。

【链接】临淄区晏婴小学教师教学常规免检方案（节选）

......

一、免检教师申报条件

1. 在学校任教满 5 年的教师，或具备小学高级（一级教师）及同等职称的在我校任教满 3 年的教师。

2. 所教班级学生素养好，综合学科教师班级常规好、学生整体素养高，期末学生素养测评在同年级同学科中列前 1/3 等次。

3. 日常教育教学工作业绩突出，家长、学生评议满意率不低于 98%。

三、教学常规免检具体办法

1. 申报程序。（1）教师本人提出申请，并填写免检申请书，上交学校教学常规工作免检评审团。（2）学校教学常规工作免检评审团对申请人的免检内容及条件进行审核。（3）学校教学常规工作免检评审团讨论通过并公示 3 个工作日，无异议后正式确定免检人员。

2. 免检项目。教学常规免检项目包括备课、作业、单元过关、听评课、课堂教学 5 个方面。

3. 免检层次。免检分为两个层次，第一层次的教师所有教学常规免检项目全部免检，第二层次的教师只对备课进行免检。

四、教学常规免检评价

1. 第一层次教师的考核用学生素养测评成绩进行评价。第二层次的教师，适当放开和严格要求相结合，除备课不再检查外，其他检查项目及办法与原来一致。课程整合教师的教学既要结合学科特点进行学生综合素质评价，又要进行期末考试。

2. 动态监督。（1）第一层次教师和第二层次教师是动态的，对表现突出的第二层次教师经过评审团的认定后可以进入第一层次，对第一层次教师表现不理想的要降至第二层次。（2）在免检期间如发现对教学不负责任的行为，则随时终止免检，至少一年内不能再次申请免检。（3）已获得免检资格的教师必须做好课堂教学及其他工作展示的准备。

3. 否决项。（1）如出现教师、家长和学生举报某教师有违反师德规范和工作不负责的情况，经学校教学常规工作免检评审团调查核实后，则取消其免检资格，不再享受相应权利，且 3 年内不得申报。（2）学生素养测评位列同年级后 1/2，取消其免检资格。

……

三、解除禁锢，促进教师专业成长

教学常规免检规则的施行，既解除了优秀教师的禁锢，又让所有教师羡慕并行动起来。教师有精力去研究教育教学，把工作中遇到的难题和热点问题转化为研究的课题，潜心进行研究；教师有更多的时间与学生进行沟通，发现学生学习中的瓶颈，调整自己的教学，教育教学质量有了显著提高；我校教师专业化成长取得了明显成效，不少教师尤其是一批中青年教师迅速成长起来，成为学校教育教学的骨干力量。近年来，学校有 1 名教师被评为山东省特级教师，3 名教师被山东省教科院选聘为专家库专家，1 名教师被选拔为省级兼职教研员，2 名教师被评为淄博市特级教师，3 名教师被评为淄博市名师，23 名教师被评为市区级教学能手、学科带头人。

【案例】免检让我自由成长

尊敬的孙校长：

您好！我是怀着激动的心情给您写这封信的。

我是一名从教 20 年的教师，从踏上讲台的第一天起，我就一直在做着每一名老师都做的常规工作，每个月学校要进行教学常规检查，需要提交的常规材料有备课、作业（语文作业包括课堂作业、作文、写字课课练）、单元过关、磨课本。而且，对于这些项目，上级教育部门有非常规范的格式、内容等要求，一线老师必须要在规定范围、规定时间内完成规定动作。我有时候也会被这些教条搅得晕头转向，特别是自己有一个创新的想法时，回头看看那些条条框框，只能暗叹一口气。

那个学期，你面向全体老师宣读了《教学常规免检规则》，我真是震惊，我有机会不用"规规矩矩"地做那些重复性的工作了，我有机会实现自己一些创新的想法了。我提出了申请，也很幸运地通过了评审。于是，我有了大把时间去阅读、去尝试、去创新。我让学生通过想象自制绘本，创作微故事，以加深对课文的理解；我组织家长开展"家校共读阅读营"，和家长共同成长；我广泛搜集资源，开发带有自己个性烙印的课程，拓宽学生的视野……这些使我的教育观、教学观发生了颠覆式的变化，我不再是教材、知识的传声筒，我一点点学会与教材、学生互动并产生共鸣，原本单调、重复的教学离我远去。我感觉每天的教学都是新的，每天的挑战都是新的。这种幸福的感觉是原来不曾有、也不可能有的。

现在的我，撰写的文字发表在核心期刊上，记录自己感悟的专著也顺利出版；我把教育教学工作中遇到的难题和热点问题转化为研究的课题，潜心进行研究，研究成果获得市科研成果一等奖；没有了烦琐重复的作业，学生越来越喜欢我的课堂，素养得到了极大的提升，在全区学生素养测评中获得第一名；不再有教条的要求，家长与我的沟通也越来越顺畅，我得到了他们的极大认可，他们主动在期末班级表彰大会上给我颁奖。

谢谢您，谢谢学校，给了老师们打破常规的机会，让我们在教育的天地里真正地展翅、自由地翱翔。

教师弹性请假规则

众所周知，每个人的生活都有差异性和特殊性，追求的生活风格也是不尽相同。人一旦进入职场开始工作，就多多少少被传统的工作时间所束缚，阻碍着人享受自己向往的生活方式。很显然，这种僵化的工作时间方式已经不能满足现在人生活的需要了。从另一个方面来讲，这或许会导致工作效率的降低。小学教师作为从事基础教育工作的专业人员，大量重复单调的工作容易产生职业认同的高原反应，太有规律的工作和按部就班的生活，很容易熄灭他们的激情。弹性工作制就显得比较人性化，它满足了人生活的需要，必然会对人的工作起到激励作用。

弹性工作制是指在完成规定的工作任务或固定的工作时间长度的前提下，员工可以灵活地、自主地选择工作的具体时间，以代替统一、固定的上下班时间。在欧美，超过40%的大公司采用了弹性工作制，其中包括施乐公司、惠普公司等著名的大公司；在日本，日立制造所、富士重工业、三菱电机等大型企业也都不同程度地进行了类似的改革；国内一些城市，例如杭州、深圳等大城市，也在实行弹性工时制。

晏婴小学从2010年建校起，在弹性请假规则的制定上不断进行改进、完善，突出"有温度的关怀"的文化特色，用"有温度的管理"来推动学校工作、促进学校发展。

一、弹性请假规则让硬性管理软着陆

管理的最高境界是走心。马斯诺的需要层次论、赫兹伯格的保健激励双因素理论，都在提醒我们要在学校创造一种有温度的场，让管理不再冰冷，让人情味在其中弥漫。

【链接】临淄区晏婴小学教职工综合考核方案
（考勤规定节选）

......

4. 全体教师每月享受1+1天的机动假期，教职工当月请假不超过1天的（含1天），既不扣分又不扣钱，视为全勤，每月奖励1分；教职工当月请假两天者，不享受当月全勤加分。

5. 本人父母及岳父母或公婆生日享受假期0.5天；外地教职工父

母生日，假期为 1.5 天。直系亲属丧假 3 天，非直系亲属丧假 1 天；需要到外地料理丧事的，可根据路程远近给予路程假。

6. 女教师休完产假后到校上班，给予 3 个月的哺乳期考勤照顾，在不影响学校工作的前提下，可不参与日常考勤。

7. 由学校安排的周末和节假日加班（个人自行加班不计算在内），可以采用调休的方式，充抵相对应的请假天数。加班前要填写"教职工节假日加班证明"，经学校主要领导签字后，报学校办公室备案。

8. 教师上班遇恶劣天气，考勤时间往后推迟，推迟时间视天气情况确定。

9. 遇特殊情况，由学校领导班子研究，根据实际情况做出处理，处理结果要向全体教师公开，接受监督。

10. 关于婚假的规定：根据我国《婚姻法》的规定，职工结婚可享受以下待遇：（1）按法定结婚年龄（女 20 周岁，男 22 周岁）结婚的，可享受 3 天婚假；（2）结婚时男女双方不在一地工作的，可视路程远近，另给予路程假；（3）在探亲假（探父母）期间结婚的，不另给假期；（4）婚假、产假包括公休假和法定假；（5）再婚的可享受法定婚假。

11. 2012 年 4 月 18 日国务院第 200 次常务会议通过的《女职工劳动保护特别规定》中规定：女职工生育享受 98 天产假，其中产前可以休假 15 天；难产的，增加产假 15 天；生育多胞胎的，每多生育 1 个婴儿，增加产假 15 天。女职工怀孕未满 4 个月流产的，享受 15 天产假；怀孕满 4 个月流产的，享受 42 天产假。

12. 2016 年 1 月 22 日山东省第十二届人民代表大会常务委员会第十八次会议通过的《山东省人口与计划生育条例》第二十五条：符合法律和本条例规定生育子女的夫妻，除国家规定的产假外，增加产假六十日，并给予男方护理假七日。增加的产假、护理假，视为出勤，工资照发，福利待遇不变。

......

二、弹性请假规则需要可贵的信任

日本学者威廉大内强调，管理中的文化特性，主要由信任、微妙性和亲密性所组成。根据这种理论，学校要对教师表示信任，而信任可以激励教师以真诚的态度对待学校、对待同事、对待学生。要设身处地地站在教师的角度思考问题，信任每一个人，也让每一个人感受到信任，让教育充满生命情怀，让人生发前行的动力，让校园洋溢幸福气息。

**【案例】晏婴小学教职工对综合考核方案的
征求意见汇总及解答（节选）**

......

一、考勤方面提案汇总及解答

1. 提案一

原有规章制度中有这样的要求：有事有病要书面请假，经学校准许后方可生效。2节课以内向级部主任请假，半天以内向分管校长请假，半天以上向校长请假。请假前要事先调好课，写好假条，先经调课教师、级部主任、教务处主任签字，再经相关学校领导签字，交办公室主任后方可生效。对于此条，老师们觉得有以下两个不方便：一是请假需要层层审批，有时候为了请一次假需要找4个人签字，占用了大量时间，效率太低；二是有时候教师必须在工作日外出处理一点小事，比如交水电费、给孩子交托儿费等，这些只能利用上班时间去处理，因为相关单位周末也要休息，办这些事情可能只需要30分钟左右时间，还要再层层请假，太烦琐；三是有时候会遇到家中出现紧急状况，必须赶紧处理，等到按规定履行完请假手续，可能就耽误事儿了。针对这些问题，我建议：一是减少请假审批环节；二是请假时间短的可以灵活掌握；三是紧急事假允许补假。请学校相信，老师们都是自觉的老师，不会因此钻空子的。

解答：接受此项提案。原规章制度作如下修正：有事有病要书面请假，经学校准许后方可生效。40分钟以内的请假在不耽误上课的情况下，不需要写请假条，只需告知级部主任即可。半天以内向分管校长请假，半天以上向校长请假。请假前要事先调好课，写好假条，由级部主任和相关学校领导签字后，交办公室主任备案。因事发突然，可以先电话请假，到校后再履行相关请假手续。

2. 提案二

原有规章制度中有这样的要求：教师到校后，要首先到考勤机处进行考勤（一天两次）。考勤时间为上午8：00、下午1：50，班主任考勤时间提前10分钟。因教师个人原因未按时考勤的，视为未出勤。如果出现教师当天未考勤，既未请假，又未因公外出，则按旷工处理。对于此条，我有以下想法：一是班主任早到校的主要目的是带领学生清理卫生区，所以只要保证卫生清理干净了就可以，不需要让班主任必须提前10分钟考勤；二是因出现极端天气（比如暴雨、下雪路滑等情况）不能按时到校，若仍按照迟到处理，老师就太冤枉了。针对这些问题，我建议：一是让班主任和其他教师执行相同的考勤时间即可；二是遇到极端天气，考勤时间往后推迟，推迟时间视具体情况而定。

解答：接受此项提案。原规章制度作如下修正：教师到校后，要首先到考勤机处进行考勤（一天两次）。考勤时间为上午8：00、下午1：50……教师上班遇恶劣天气，考勤时间往后推迟，推迟时间视天气情况确定。

3. 提案三

现在，有这样一种现象：因为学校发展的需求，有很多事情需要利用周末或者节假日完成（比如教育主管部门每年都会组织的音乐、美术、体育、科技等比赛和需要紧急上报相关资料等任务），这样部分教师的工作时间就会被拉长，长期下去，教师就会因为过于疲惫而影响日常工作。针对这种问题，我建议：上级或学校安排的工作，工作日不能完成而必须利用周末或节假日才能完成的，可以采用计算工作量或者安排调休的方式，以调整教师的工作状态。

解答三：接受此项提案。原规章制度作如下修正：因学校安排的周末和节假日加班（个人自行加班不计算在内），可以采用调休的方式，充抵相对应的请假天数。加班前要填写"教职工节假日加班证明"，经学校主要领导签字后，报学校办公室备案。

......

三、弹性请假规则来自于一种人性的关怀

学校管理中，适度引进亲情、友情和温情，用一份别样的细心、慈善和柔软来观照教师、呵护教师，可以让教师心情愉悦地投入工作，达到最佳工作状态。只有这样，才能团结教师心往一处想、劲往一处使，齐心聚力发展学校，把学校越办越好。哺乳期免考勤制度就是基于这样的理念制定的。

【案例】 负重前行　感恩有你

这几天，欣欣发烧了，我把课调到第一节上完，回家和婆婆带着她去医院打点滴。走进输液室，淡淡的消毒水味道充溢在空气里，大部分孩子都是因为感冒和发烧，小脸上满是难受的样子，甚至再小点的婴孩已哭得满头大汗，任家人再怎么哄着，仍旧哭得小脸通红，让人看着一阵阵心疼。终于让欣欣打上针，哄她睡了，我抱着孩子，让婆婆靠在一边休息一下。

中午11：00多，欣欣打完针，我们收拾东西正准备回家，突然一阵吵闹声传来。

"你还知道来啊！"一个30多岁的男子冲着一个匆匆赶来的女人怒吼着，看上去是孩子的爸爸和妈妈。

"对不起，单位有事，实在请不了假。"妈妈一边整理着散乱的发髻，一边气喘吁吁地说。

"你没说孩子才5个月，生病了吗？奶粉又不肯喝，你们单位真是的。"爸爸也是无奈地抱怨着。

"说了，可是单位有规定，我……"说着，妈妈眼里的泪就不停地落下来。

看着这位妈妈无奈的样子，我既心酸又庆幸，庆幸的是单位给予我们这些哺乳期妈妈充分的弹性请假制度。随着国家二胎政策的放开，我又生下了欣欣。高兴之余，问题也随之而来。老人年龄大了，看孩子很是吃力，老公又常年在外地工作，我的体力也大不如以前。在家休产假时，还能和婆婆互相搭把手，可是正常上班后，该怎么办呢？

正常上班后，级部主任告诉我，学校针对哺乳期的女教师有单独的政策规定：女教师休完产假后到校上班，给予3个月的哺乳期考勤照顾，在不影响学校工作的前提下，可不参与日常考勤。因为这样的政策，我可以根据自己的课表灵活安排工作和哺乳。第一节没课的时候，我可以从容地安排欣欣的起床；上完课就可以回家照顾欣欣，完不成的工作可以带回家，等欣欣睡觉的时候就可以继续做。这样，照顾孩子和完成工作兼得，心里也安稳。

听过这样一句话，生活哪有什么岁月静好，只是有人在为你负重前行。我是在为自己的家负重前行，学校却是为所有的教师负重前行，感恩有你，让我们所有的老师工作、生活都能安心。

一个二胎妈妈

四、弹性请假规则让人获取了职业尊严

"你要把我当人看，我就替你当牛干；你要把我当牛看，我就什么都不干。"其实每一位教师在意的不是利益，而是自己是否被重视，是否被尊重。一位从教二十余年的老教师说："我不请求别人赐予尊严，我的尊严是自己挣来的。"学校作为教师的第二个家，就一定要考虑给每一个教师以尊严。

【案例】这样的投诉，我不在乎

周五下午放学后，我让办公室通知大家要开全体教师会，会议主要由我讲，就讲一件事。

"老师们，今天下午耽误大家时间，开这次会，原因是我们被投诉了。"

话音未落，老师们的目光齐刷刷地投向我，都是满脸疑惑。

我顿了顿，继续说下去："投诉的原因是我们学校的教师违背了八小时工作制的要求，别的学校都是学生放学后，教师继续在校办公，而我们学校却是教师和学生一起放学。"

刚说完，会议室里就传出窃窃的讨论声。

"啊，我们把工作做好了就行了，为什么还这么教条？"

"唉，该不会咱们以后放学后也要再待一个小时下班吧？"

声音渐渐落下去，我缓缓开口："谁也不喜欢学校被投诉，我也一样，但是这样的投诉，我不在乎。我知道，原先，每天下午放学后，学生离校了，大家却不能下班，还要开会、培训、集体备课。这样强行将大家留在学校，大家就会有怨气，内心也会排斥。大家不只是学校的员工，还有自己的家庭，还要照顾自己的孩子。所以，学校才决定，每天

放学后，教师和学生可以一起离校。干不完的活带回家，忙活完家里的事，一样可以干嘛！"

会议结束后，我就不断收到老师们发来的短信。

"孙校长，喜欢您的那句——这样的投诉，我不在乎——这句话让我一下子挺起了腰杆。作为一个一线老师，我能深切体会到老师不好当，家长会因为觉得自家孩子受了一点儿委屈就咄咄逼人，社会上会因为一个负面案例就指责所有的老师。而学校制定的这些人性化的规则，让我感受到了家一样的温情，感受到了一名教师应该有的职业尊严，有了这些，再多的疲倦和委屈都可以抛之脑后了。"

……

晏婴小学校长：孙镜峰

弹性请假规则从性本善的原点出发，基于信任而非怀疑，基于对话而非独白，基于民主而非粗暴，基于开放而非封闭，始终坚持"人在中央"，让冰冷的职场成为爱的磁场，让每一名教师都体面而有尊严地行走在教育之路上。

第二节　立于共研

　　教研即教育教学研究，指总结教学经验，发现教学问题，研究教学方法。教研的目的是促进教师专业发展，因此，有价值的深度教研是教师长远发展最重要的途径之一。传统的教研组以行政为主要推动力。从教研组的成立到教研活动的开展都离不了行政推动，但行政推动长期占主导地位，容易导致教研流于形式，教研活动往往开成了布置任务、安排工作的会议，真正意义上的教研很少发生。晏婴小学打破形同虚设的"只教不研"的教研组，赋权教师，激发调动"民间"力量，构建了让真实教研持续发生的"教研共同体"。教研共同体不同于行政管理环境下的教研组，它是以规则重建为基础和前提，在教师自愿的前提下，组成的具有共同愿景、共同追求、共同价值观的研究组织。教研共同体成员之间互相借力、互相推动、互相成就，它具有强大的凝聚力、内驱力和研究力，从而引发真实教研和深度教研。

　　目前，学校已经成立了多个不同层面的教研共同体，有以学科为要素的学科教研共同体，如低年级语文教研共同体、英语教研共同体；有以课程为要素的课程教研共同体，如"动物"课程教研共同体、"微型社会"课程教研共同体；有以发展方向为要素的教研共同体，如青年教师教研共同体、名师教研共同体等。在诸多教研共同体中，真正起作用的不再是行政领导，而是专业领导，哪位教师研究力强，只要你有思想、有技术，能引领大家往前走，形成了自己的话语体系，你就是该领域的领导。教研共同体建立了以"教研中有价值的问题的提出者和解决方案的提供者"作为对每位成员考核的主要指标的评价规则，引导每位成员聚焦有价值的问题，促进深度教研。教研共同体中人与人之间的关系是紧密的、平等的、安全的，教研过程中谁也离不开谁，互为资源，互相成就。有了这样的教研文化，力量会聚焦，智慧会生成，教研中遇到的焦点、难点问题才会得到解决。

一所学校，只有让每名教师都成为某学科某领域的教研领导者，这样的教研组才是有价值的，才能引领教师由职业走向专业。

教研共同体运行规则

教育部《关于加强和改进新时代基础教育教研工作的意见》中指出，教研工作是保障基础教育质量的重要支撑。进入新时代，面对发展素质教育、全面提高基础教育质量的新形势新任务新要求，教研工作存在机构体系不完善、教研队伍不健全、教研方式不科学、条件保障不到位等问题。晏婴小学根据文件要求，结合学校实际，采取以主题深度教研为教科研理念、以教研共同体的形式开展的"四有"教科研工作，即有主题、有目标、有机制、有活力。

一、主题，让教科研有方向和目标

主题深度教研是以问题为驱动、以有价值的问题为主题、以课例为载体，实现人人参与、横向"牵手"、纵向"深挖"的教研方式，具体按照五个实施环节展开：筛选问题，确立主题——搜集资料，主题学习——集体备课，课堂验证——创新教研评价方式，总结提升研究成果——展示交流，教研成果发布推广。主题的确定要经历三个环节，首先是所有教师根据教学实际自主确定本学期将要研究的内容，然后备课组教师共同商议、统一思想，最后学科组教师针对备课组提交的主题展开论证、最终确定。主题一旦确定了，就要根据主题设计教科研的具体目标、思路和方法，它使教科研工作有了明确的方向和共同的目标。

【案例】晏婴小学主题深度教研活动掠影

环节一：筛选问题，确立主题

本周教研内容：学期深度教研主题集体论证

教研时间：9 月 13 日

教研地点：会议室

参加人员：孙校长及所有学科教师

研究始于问题，问题是主题深度教研的出发点。开学初，每位教师反思上学期教学，列出难以解决的问题。备课组教师统计所有问题，集体商议挑选出一个共性问题推荐到学科组，然后所有学科组教师论证该主题的研究是否有价值、有意义。

如语文教研组针对学生阅读量少、松散等问题，确定了"整本书阅读教学策略研究"的主题；数学组针对学生真实学习环境不足的现状，提出"学具在小学数学教学中的使用研究"的主题。

环节二：搜集资料，主题学习

本周教研内容：主题交流讨论

教研时间：9 月 20 日

教研地点：会议室

参加人员：孙校长及所有学科教师

吸收前人已有研究经验是教育科学研究的基本方法。确定主题后，首要任务是通过书籍、网络等方式搜集、学习相关成果，并结合自身教学实践，形成自己对主题的初步思考。本次活动，每位教师依次交流、碰撞思想，为下一步组织主题研讨课明确方向。

《狼王梦》整本书阅读孙延敏　　曹凤坤整本书阅读　　　　四年级 语文 整本书阅读
《汤姆索亚历险记》阅读指导高蕾　曹玉娥整本书阅读　　　　常慧敏小学高年级整本书阅读教学策略
浅谈整本书阅读 孙艳艳　　　浅析小学阶段语文课程的整本书阅读（贾...　范佳敏整本书阅读指导策略
如何指导整本书的阅读任佩佩　小学生低年级整本书阅读的研究(徐秋菊)　雷红 如何进行整本书阅读
赵丽霞整本书交流材料　　　小学生整本书的阅读策略（崔华）　　王曦整本书阅读指导
　　　　　　　　　　整书阅读交流材料（蔡文平）

环节三：集体备课，课堂验证

本周教研内容：主题课

教研时间：9月27日

教研地点：会议室

参加人员：孙校长及所有学科教师

主题研讨课是对研究主题及解决对策的课堂验证。备课组教师确定上课内容，采取多轮"备课——上课——研课"的形式展开对主题的深度研究。

1. 备课。备课是以备课组为单位，研读课程标准、分析教材和学情，制定基于真实性学习和深度学习的教学设计。集体备课是主题深度教研的关键环节。

2. 上课。上课是通过组员自愿申报或指定的方式确定上课教师，然后教师依据集体备课后的教学设计展开主题式教学。

3. 研课。研课是上课教师以主题为核心，针对实际上课情况进行说课交流，反思授课过程中的优缺点。非上课教师开展主题式听评课。

环节四：创新教研评价方式，总结提升研究成果

本周教研内容：总结研究成果

教研时间：12月27日

教研地点：会议室

参加人员：孙校长及所有学科教师

经验总结是将散落在教研各个环节的、零散的经验，通过总结提升，形成一套程序的做法，它是主题深度教研的关键环节。教研组成员共同研讨，总结经验，提炼形成适合教研组特点的做法，同时找到存在的问题，寻求解决的路径，力求在下学期解决。

如英语组沿着本学期的主题深度教研，总结出：实施路径主要包括专题讨论、专家指导、课型研讨、同课异构、物化成果等，实施载体为"课上+课下""课内+课外""教师+学生"等。

如数学组沿着本学期的主题深度教研，总结出在小学数学教学中渗透数学思想方法的途径：在教学预设中合理确定、在知识形成中充分体验、在方法思考中加强深究、在问题解决中精心挖掘、在复习运用中及时提炼。

环节五：展示交流，教研成果发布推广

本周教研内容：成果发布推广

教研时间：1月3日

学期末，举办教研组主题研究成果展示会，它是主题深度教研的推广环节。各教研组围绕"为什么这样做？""怎么做的？""做的成果怎样？""能不能做得更好？""下一步教研方向"等方面展示整个学期的教研过程及效果，面向全校推广。

如英语组依据本学期"学习能力之策略培养"的主题，总结出"顶层设计——中层布局——微观实施"的三层主题深度教研法，实现教师和学生的双发展。顶层设计是教研组织者要站在"教育培养什么样的人"的高度思考教研，通过什么样的方式方法能充分实现教师和学生的发展；中层布局是教研组长依据教育目标，结合学校、学生实际制定详细的、可操作性强的教研计划；微观实施是教研组长和学科教师们沿着计划一步一步展开实施的过程。

二、教研共同体，让教科研灵活运行有机制

"教研共同体"，不同于行政管理下的"只教不研"的形同虚设的教研组，而是在教师自愿的前提下，在教师职业生涯中组成的具有共同愿景、共同追求、共同价值观的教研组织。教研共同体成员之间互相借

力、互相推动、互相成就，它具有强大的凝聚力、内驱力和研究力，从而引发真实教研和深度教研。

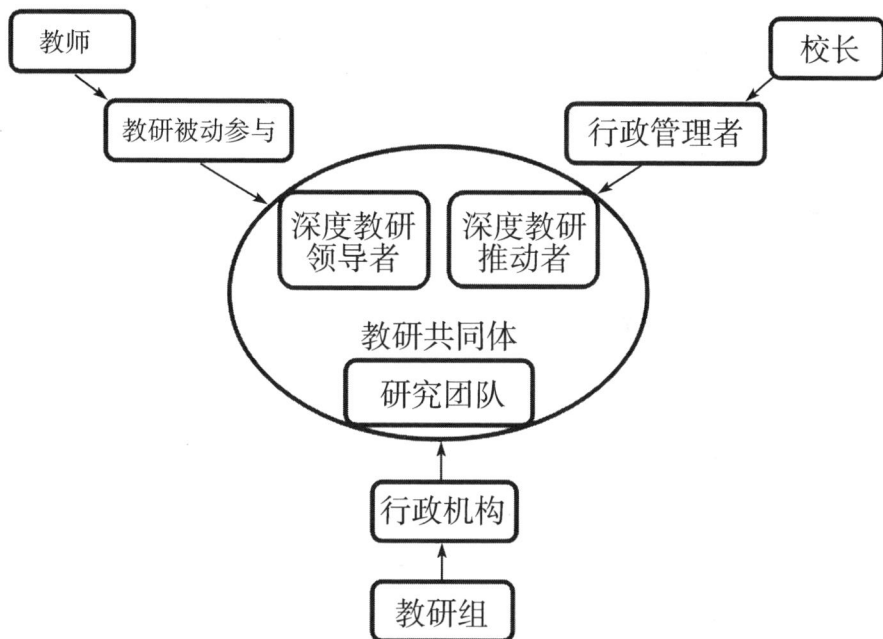

教研共同体结构图

【案例】晏婴小学教研组与教研共同体对比

维度项目	教研组	教研共同体
共同愿景	无	有
组织结构	固定	灵活
教研组长	固定	灵活
人数	固定	灵活
时间地点	固定	随时随地

以语文学科为例的教研组与教研共同体的区别

教研组

教研组长：李丽娟

人数：36人

时间：周五上午3~4节

地点：公开课教室

教研共同体

维度课程	《动物》课程教研共同体	《影像写作》课程教研共同体	
共同愿景	让孩子成为会发现、能探究的自我成长者	追求真善美的诗意阅读者和表达者	……
教研组长	付玉杰	崔爱霞	
人数	8人	13人	
时间	随时	随时	
地点	随地	随地	

三、专家引领，让教科研有保障和持久动力

一线教师有着丰富的实践经验，但缺乏理念指导和深度思考，而教育专家有着学科领域最新的思想理念，由此，晏婴小学聘请教育专家，通过"三步骤"提升教师素养，实现教师对问题的深度思考，使教师保持对问题研究的持久动力，"三步骤"是指：专家指导前（研—发—问—改）、专家指导（听—评—记）、专家指导后（再研—再发—再问—再改）。

【案例】"基于课程标准的逆向设计"专题指导纪实

一、专家指导前

1. 研，就是学科教师针对"如何进行基于课程标准的逆向设计"进行讨论，通过阅读、讨论，解决低端问题，对解决不了的问题列出问题清单，如：如何使目标更准确，如何进行课程标准的分解，如何更准确、全面地评价。

2. 发，就是将基于课程标准的逆向设计案例发给专家，同时将问题清单一并发送。

3. 问，就是以点对点或多对点等方式，通过电话或其他方式，向专家询问对逆向设计案例的意见。

4. 改，就是根据专家提出的意见进行逆向设计案例的修改。

如房老师设计的美术五年级下学期《造型别致的椅子》的学习目标有以下4条。

（1）通过观察图片，能将椅子的造型进行分类，想象并画出三个以上的简单造型图；在教师的帮助下，小组讨论感受到的椅子的不同风格，并依据自己的感受挑选出相应的颜色；触摸实物，讨论感受到的媒材的特点，并能用简单的词语描述。

（2）通过对一件作品的分析、小组讨论及教师指导，能发现生活中的椅子存在的至少一个问题，并能提出解决问题的方案。

（3）通过师生共同示范，能独立绘制出源于问题的、设计要素完整的椅子设计图；并通过交流用简单的语句评述自己或他人作品的优缺点。

（4）通过微视频欣赏，初步感受椅子的历史文化。

二、专家指导

1. 听，就是以汇报课或研讨课的形式，专家听取、观察教师的逆向设计案例。

2. 评，就是通过大众交流和专家点评的方式，评议逆向设计案例中存在的问题或有待商讨的地方。

如针对房老师《造型别致的椅子》一课的学习目标，张斌博士有以下的评价：首先，第一条目标指向认识，第二、三条指向运用，第四条目标"感受文化"与前面的认识、运用构不成逻辑关系；其次，四条目标之间没有任何联系，彼此都是孤立的；最后，第一条目标缺乏对目标的宏观思考，致使目标啰里啰唆、杂乱无章。

3. 记，就是教师仔细聆听专家指导，记录下精华和收获，当堂改进设计。

三、专家指导后

专家指导后，学科教师根据专家的意见再次研讨，解决已有问题，修改完善逆向设计案例，再次发给专家。如果发现了新问题，则列出问题清单，一并发送。通过再次询问，解决问题，继续修改完善逆向设计案例。

如房老师经历了不断思考、专家指导、修改完善的步骤后，《造型别致的椅子》一课确定了以下三条学习目标。

1. 通过分析经典椅子作品，能用自己的语言解释椅子的造型、色彩、媒材与功能的关系。

2. 通过自主探究、合作交流，能画出解决生活中问题的椅子的设计草图。

3. 通过组内或班级展示，能用自己的语言交流作品的设计意图，并评价自己或他人的作品。

教师成长俱乐部运行规则

校本培训是在教育行政部门、教师培训机构的规划指导下，由中小学校长组织领导，教师任职学校自主开展，紧密结合学校工作实践，以提高学校教学质量和办学效益、促进教师专业发展和提升教师职业修养为目的的教师在职培训形式。晏婴小学根据学校实际，将全员培训与分层培训相结合，通过组建教师成长俱乐部实施校本培训，注重实效性、针对性。

一、青年教师成长俱乐部，助力青年教师腾飞

青年教师队伍的素质直接关系到学校教育教学的质量和未来的持续发展，加强青年教师队伍建设以适应素质教育的需要势在必行。我校青年教师自愿组织成立青年教师成长俱乐部，以学习、交流、竞赛等方式，助力了一批教育教学的中流砥柱。

【案例】临淄区晏婴小学青年教师成长俱乐部章程（节选）

会员需履行以下义务：

……

（三）会员必须认真搞好在岗自学，必须根据推荐的书目或自选书目读书，并写出读后感。

（四）会员必须每个学期至少发表一篇市级以上的论文、做一个高质量的微课程。

（五）会员必须每周写一篇教后反思，并发表于自己的博客上。

（六）会员在平时的教学实践中要收集教育教学中出现的热点和难点问题，在俱乐部中研讨，集思广益，融洽贯通。

……

朱珍珍老师的成长之路

朱珍珍，2012 年大学毕业来到晏婴小学。作为一名青年教师，在

学校青年教师成长俱乐部中积极参加各项活动，在师傅贾××的带动下，带头发言、执教研讨课。五年来，已经迅速成长为一名优秀的体育教师。在业务能力上，先后被评为临淄区优秀教师、区教学新秀、区骨干教师、区新基础教育先进个人、区优秀青年教师、区优秀任课教师、时代先锋党员，执教省级公开课四节"三四年级水平二第二节跳跃""篮球精灵""篮球越野跑""定向越野跑"，执教区级公开课三节"篮球——运球""肩肘倒立""体育游戏"。在教育科研方面，2017年6月论文《我们的校长》发表于国家级杂志《中国学校体育》，2018年4月区级课题《基于核心素养的篮球校本课程实践与研究》顺利结题。在培养学生方面，2013年、2015年、2016年、2017年均被表彰为临淄区优秀教练员、裁判员，2019年被表彰为中小学生田径运动会优秀指导教师、中小学生篮球联赛优秀指导教师、中小学生乒乓球比赛优秀裁判员。

朱珍珍在青年教师成长俱乐部中成为同学科组青年教师的师傅，将晏婴小学青年教师成长俱乐部提倡的合作交流、共同成长的风气传递下去。她带的徒弟也在短时间内迅速成长起来。其中，王梦玮被评为临淄区优秀教师、体育工作突出贡献教师，获得区优质课比赛二等奖、录像课比赛二等奖等奖项；马以鑫被评为区中小学生田径运动会优秀指导教师、区乒乓球比赛优秀指导教师，获区体育游戏设计比赛一等奖。

二、"三航工程"名师工作室，助力教师飞得更高

为大力提升教师专业素养，临淄区积极发挥现有名优教师优势，建立"三航工程"名师工作室，选拔有发展潜力的优秀教师组建团队，以名优教师为引领，以业务研究为纽带，进行"传、帮、带"式培养，努力打造一支高素质专业化教师队伍。目前，我校有"边春霞远航名师工作室"和"卢义峰引航名师工作室"。另外，还有教育部第二期中小学名校长领航工程"孙镜峰校长工作室"。

【案例】特级教师边春霞的成长之路

"所有这些改变和收获，都源于课程整合。课程整合给我打开了一扇全新的大门。我在成就学生的同时，也体验到了做教师的快乐和幸福。"说这话的是山东省淄博市临淄区晏婴小学教师边春霞。2015年，她先后两次应邀登上国家教育行政学院的讲台，面对来自全国各地的优秀校长，介绍了她在英语教学改革方面的先进经验和做法。

从学生的视角出发，站在学科育人的高度，边春霞开发、实施了具有自己独特风格的阶梯英语课程，学生反响热烈，因此被评为山东省特级教师、首届"齐鲁最美教师"提名奖、省兼职教研员、山东省教科院特聘专家等，并先后5次受邀到国家教育行政学院为全国优秀校长培训班作系列专题报告，40余次受邀到全国各地举办课程报告会。

在课程实施过程中，以专业、细腻的笔触记录了师生共同成长的点点滴滴，有十几篇英语教学专业论文被国家核心期刊发表，其中《加强小学生英语语言能力的培养》被中国人民大学复印报刊资料《小学英语教与学》全文转载。《中国教育报》2016年9月以《边春霞：课程整合打开教学新视野》为题，用较大篇幅专题介绍了她实施英语教学改革的经验做法，在全国形成了较大影响。

第三节　成于创生

　　教育部《关于全面深化课程改革落实立德树人根本任务的意见》指出：课程是教育思想、教育目标和教育内容的主要载体，集中体现国家意志和社会主义核心价值观，是学校教育教学活动的基本依据，直接影响人才培养质量。在教育实践过程中，教师不仅是课程的执行者，更是课程的创生者。百度百科对创生的释义是：创造产生，生而成长。教师的课程创生是指教师根据本地本校的实际情况、自己的知识经验和能力优势、学生的兴趣爱好和发展水平等，在整个课程运作过程中通过批判反思来实现对课程目标、课程内容、课程资源、课程意义和课程理论持续主动的变革、建构和创造。可见，课程创生贯串于整个课程运作过程，它让我们的课程更适切、更丰富、更有效，更有利于发挥师生的主观能动性，让教育教学过程更丰厚、更灵动、更有意义。

　　为此，晏婴小学在充分遵循国家课程要求的前提下，不断强化教师的课程意识和课程能力，以学生发展为中心，大力推进课程整合，让课程创生成为提升学生能力、发展学生核心素养的重要途径。主要表现在两个方面：一是国家课程的校本化实施，教师在教学中结合本校实际，对由学科专家预设的教材内容进行改造或二次开发，或将教材内容改造成适宜学生学习的"学案"，或对教材内容加以调整、增删与更替，或对教材结构予以调整与重组，使教材内容发生变化，使其有利于教学和学生发展；二是一系列校本课程的开发，教师根据本地、本校学生的实际，充分开发校内外的课程资源，创生出多种多样的个性化、特色化的校本课程，这些校本课程的开设大大丰富了学校的课程体系，对国家课程起到了很好的补充作用，突出了学校特色，更好地实现了育人目标。校本课程的开发要求教师转换角色，在课程决策与开发上大胆创新，充分考虑学生的需要和教师自身的条件，并具有较强的课程开发能力。但课程开发是一项严肃、复杂、难度较大的工作，并且直接影响到学生的发展和成长，容不得丝毫马虎，需要一系列的规章制度来指导、约束和评价。所以，晏婴小学在课程创生中，从课程的开发、实施到评价建立了一系列规章制度，让课程创生更科学、更规范、更完善。

课程审议规则

课程是对教育目标、教学内容、教学活动方式的规划和设计，是教学计划、教学大纲等诸多方面实施过程的总和。它是教育教学活动的基本依据，是实现教育目的、完成立德树人根本任务的基本保证。进一步增强课程的民主性与开放性，提高课程的规范化、科学化，是任何一所学校首先要解决的重要问题，而课程审议正是解决这一问题的重要途径。

课程审议是课程主体通过平等对话、协商的方式，对特定的课程现象进行观察、讨论，进而达成"视域融合"，并作出判断与决策的实践过程。课程审议的目的是为了让参与审议的课程主体在民主的氛围中，公开地表达自己对课程设计、开发、实施以及评价等过程中存在的问题的意见、看法与诉求，通过与其他课程主体的理性协商，在平和的氛围中达成解决课程问题的一致意见。课程审议的本质是要求人们通过对话、沟通和商谈等平和、理性的方式达成对课程问题的共识，而不是靠强权或其他简单的方式来决定问题。课程审议是学校课程建设中的重要一环。

美国课程理论专家施瓦布认为：课程审议的主体是"课程集体"，该课程集体由校长、教师、学生、课程专家、心理学家、社会学家和社区代表等成员组成。因此，学校专门成立了由山东省教科院张斌博士、校长、分管校长、省市名师、特级教师、教研组长、骨干教师、家长代表、学生代表组成的课程审议委员会，每学期对教师的课程进行审议，及时发现问题、讨论问题、解决问题，确保课程设计的科学和完善，逐渐形成了晏婴小学课程审议规则。

一、有趣且充满吸引力的设计原则

学生不仅是课程的实施者、执行者，而且是重要的课程要素，是课程的有机组成部分，是课程的创造者。学生都是一个个独立的个体，有着自己的年龄特征和心理特点，有着不同的兴趣和喜好，他们最清楚需要什么样的课程，他们的喜欢程度和参与状态也将直接影响课程的实施效果。所以，一个好的课程首先是学生喜欢和认可的课程，是有趣的课程，要想有趣，就需要在课程设计时，多研究学生的心理特点，多征求他们的想法和建议，师生共同开发课程。比如在下面的"动物"课程中，主题的选择、内容的确定等都让学生参与，充分考虑了学生的兴趣点。

【案例】"动物"课程介绍（节选）

……

(二) 从学生的兴趣中寻找共同关注点

在这个环节中，我分两步进行了三个方面的调研。第一步是调研学生对什么内容最感兴趣和学生喜欢什么样的学习方式。在内容方面，学生提出了水、太阳、恐龙、金字塔、木乃伊、动物、植物、衣服、火山等关注点共计 54 个；在学习方式方面，我给出了听老师讲、同伴讨论、观察发现、动手体验等选项。我将学生关注内容和喜欢的学习方式进行数据统计如下（表三、表四），内容方面，动物排名第一；学习方式方面，动手操作排名第一，亲自观察排名第二，真实情境排名第三。

表三　学生关注内容数据统计表

关注点	关注度 （关注人数/班级总人数）	关注点	关注度 （关注人数/班级总人数）
动物	31/42	火山	9/42
水	25/42	植物	12/42
土	20/42	恐龙	11/42
金字塔	19/42	其他	15/42

表四　学习方式喜欢度数据统计表

学习方式	喜欢度 （喜欢人数/班级总人数）	学习方式	喜欢度 （喜欢人数/班级总人数）
听老师讲	10/42	亲自观察	32/42
同伴讨论	7/42	动手操作	35/42
虚拟情境	11/42	真实情境	31/42

第二步是对学生已有知识和能力的前测，以期确定单元的具体内容和实施起点（表五）。

表五　学生知识前测数据统计表

"关于动物，我还想知道"问题例举	关注维度	数据统计
长颈鹿的脖子为什么这么长？	多样	18/42
小蝌蚪为什么会变成青蛙？	生存	37/42

（续表）

"关于动物，我还想知道" 问题例举	关注维度	数据统计
为什么羊吃草狼吃肉呢？	系统	15/42
我们该怎么保护动物？	责任	10/42

这三个调研不但帮助确定了单元主题——动物，而且确定了课程实施的方式——在真实情境中让学生动手操作、亲自观察，还提取出了关于动物的四个大概念——多样、生存、系统、责任。

……

二、有意义且影响深远的设计目标

课程开发与实施的根本目的是要促进学生的发展，所以，好的课程除了让学生感兴趣外，更要对学生有益，学生学完这门课程之后，知识得到扩展，能力得到提高，品质得到熏陶，智慧得到启迪，能够学到一生受用的东西，形成带得走的能力，真正发展核心素养，成为适应未来发展的有用人才。也就是说，一门好课程必须是让学生受益终身、具有深远影响的、有意义的课程。比如下面的"微型社会"主题课程，不再仅限于书本知识，而是带领学生走出了校园，走进了社会，开阔了视野，丰富了认知。

【案例】"微型社会"主题课程介绍（节选）

……

（二）课程目标

"微型社会"主题课程目标由课程总目标、学段目标、主题目标构成完整的目标、指标体系。

1. 课程总目标

基于国家课程标准的要求，构建多学科或跨学科融合的基于现实生活的主题式研究，培养学生上牵下挂、旁征博引、基于真实生活的能力，让学生通过实践体验，增强社会责任感，提高探究能力和创新意识，在经历中学会知识技能，学会动手动脑，学会生存生活，学会做人做事。

......

（三）课程体系构建

"微型社会"主题课程以小学阶段二～五年级的学生和课程作为研究对象，依照国家课程标准重新梳理、整合小学阶段课程，通过删减、融合、增补、重组、串联，形成以综合性、实践性、社会性和探究性为主要特征的"五大主题子课程"，而在五大主题子课程之下又衍生出很多次主题课程，下面是课程体系的结构图。

......

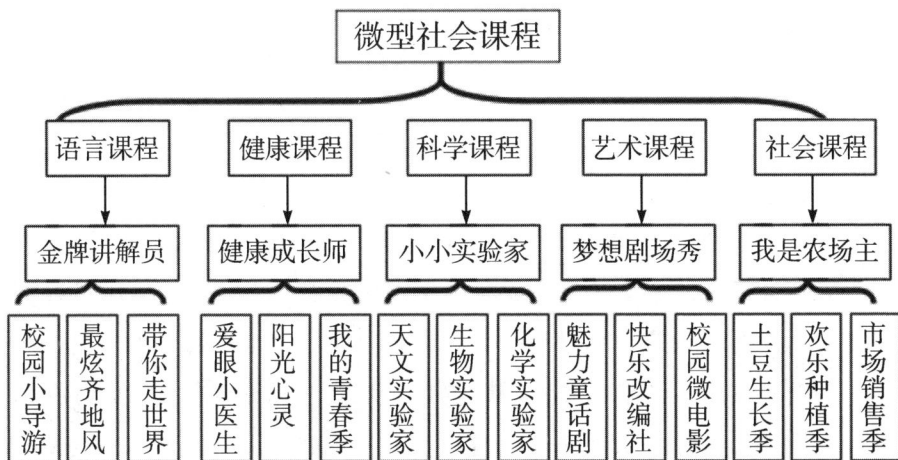

"微型社会"课程体系结构图

三、有实效且提能增智的学习效果

不同的地区有不同的生活习惯和风土人情，学生的知识水平也不尽相同，但教材编写时需要考虑较广泛的通用性，不可能照顾到每个地区的具体特点，所以，就可能存在不适合本地区学生特点、不利于教学使用的内容，需要在遵循国家课程和地方课程的基本精神下进行"二次开发"，对课程进行适度的改编、增删。另外，有的教师在教学中发现某些内容是学生学习的难点，学习起来非常困难，仅凭当前的课程资源无法很好地支撑学生的学习；有的教师认为针对某些内容可以对学生进行进一步的拓展。这种情况下，教师就需要开发适当的补充课程或拓展课程，但这些课程的开发必须以"有实效"为前提，不能为开发而开发，以免增加学生负担和影响教学效率。例如下面的"自然拼读"课程，就很好地解决了英语中的语音教学问题。

【案例】"自然拼读"课程介绍（节选）

......

一、课程开发背景

目前各种主流的小学英语教材中都有语音学习内容，也体现了自然拼读法的理念，但是内容有限、形式有限，很难引起学生的共鸣。我校使用的是山东科学技术出版社的《英语》教材（供三年级起始用），本套教材中语音学习内容出现的比较晚，从三年级下册才刚刚出现 26 个字母名称音的学习，并且语音内容比较单薄、凌乱、无序，通常安排在每个单元第四课的第二部分。大部分教师一般依据教材顺序，按部就班地带领学生跟读一遍，就算过了，这样做的结果是教师教得别扭，学生学得也没效果。在学习英语的初始阶段，大部分学生最大的困难就是见词不会读，听音不会写，单词记不牢。不能准确地拼读、拼写单词，这已经成为阻碍我校学生学好英语的一只拦路虎。通过调研、开座谈会、问卷调查等方式，我们发现小学英语语音教学存在以下几个突出的问题：

1. 缺少拼读意识的问题。拼读能力差，记不住音标，单词的语音形象和文字形象对不上号，更严重的是学生对语音学习有了恐惧心理。

2. 不懂发音规则的问题。记忆单词慢，容易遗忘。平时听写单词时，学生只会机械记忆，回忆单词时，只有少数学生是联系单词的发音、利用读音规则来完成的，特别是长单词的记忆，光靠死记硬背很难完全记牢，如果学生按照读音规则便轻而易举了。

3. 音标教学超纲的问题。系统的音标学习会增加学生的学业负担，超出了学生的领悟能力范畴。显性的、系统的音标教学会妨碍学生对英语学习兴趣的保持。

4. 小学英语语音教学趣味性的问题。由于年龄的特点，学生对新鲜事物都有一定的好奇心，对将要学到的新内容很有兴趣，但由于学生对英语音标未能掌握，学习方法不正确，加之在学习英语过程中的挫折与困难，慢慢丧失学习英语的兴趣。

正是基于上述背景及问题，我们开发了"自然拼读"课程。希望通过本课程，解决小学生记单词难的问题。让学生熟练掌握该方法，做到见词能读、听音能写，并能顺利进入阅读阶段，从而轻松愉快地爱上英语，进一步增强学习英语的兴趣和信心。

二、课程目标

"自然拼读"课程的目标是让学生明确读音与字母或者字母组合之间的对应关系，在字母、常见字母组合与读音之间实现直接、快速的反应，最终达到见词能读、听音能写的双重目标。具体目标为：

三年级：除了让学生模仿和开口说英语之外，着重让学生从听、说、读、写四个角度掌握英语26个字母的拼读音，以便为下一阶段拼读拼写英语单词打下基础，建立字母与语音之间的联系；

四年级：重点让学生了解英语单词的音、形、义之间的联系，掌握拼读规律，培养学生直接拼读生词并能根据读音拼写的能力。同时，教师还应在教学过程中加强对学生学习方法的指导，并运用自然拼读法提高学生的语音感知能力；

五年级：重点巩固读音规律，提高学生的拼读拼写能力。

……

四、有逻辑且规范科学的设计标准

本条主要针对的是课程方案的审议。课程目标、课程内容、课程实施、课程评价是课程方案的四个关键要素，四者之间应该按照逆向教学设计的逻辑，前后一致，相互支持，形成闭环。课程目标来自于课程标准或学生需要，目标之间要关系清晰、设计合理、环环相扣、层层推进，符合学生的认知规律；课程目标的叙写要规范且要素齐全，行为表现、行为条件、表现程度的表述应具体、明确、可评、可测。课程内容要根据课程目标来灵活选取文本、网络、社会等资源，进行适当地整合处理，充分满足学生学习的需要。课程实施要突出真实性学习，让学生在具体的情境中学习知识、运用知识，真正成为学习的主人。课程评价要注重多种评价方式的使用，多方面、全方位地检测学生的学习情况，对于一些纸笔测试无法评价的内容要使用表现性评价。比如下面的"阶梯英语"课程，其设计就很好地做到了前后一致性。

【案例】"阶梯英语"课程介绍（节选）

……

一、阶梯英语课程目标

通过英语学习和实践活动，掌握扎实的英语知识技能，发展英语思维能力，初步形成用英语与他人沟通、合作的能力；在英语实际运用的过程中，开阔视野、丰富生活经历，了解世界和中西方文化的差异，增进跨文化理解和跨文化交际的能力，从而达成"培养乐于表达的跨文化传播者"的基本理念。

二、阶梯英语课程内容

阶梯英语课程体系是在国家课程校本化实施过程中，对国家课程标准及现用教材进行调整、重组、拓展和延伸，逐步构建形成的校本课程体系。它打破了现有山科版英语教材的局限，取而代之的是多元多维立体的阶梯英语课程内容体系，包括山科版"英语"、"小学英语自然拼读"和我校自创的适合不同年级的分级读物等，课程内容丰富实用。山科版"英语"是基础类课程，面向全体学生；"小学英语自然拼读"和阅读内容是拓展类课程，是对山科版英语教材的补充和发展，以丰富英语学习途径。

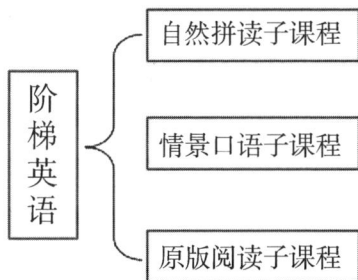

阶梯英语课程体系图

三、阶梯英语课程实施

主要从实施原则、实施策略及路线、实施课型这三个方面进行阐述。

1. 实施原则

（1）努力遵循小学生外语学习规律，利用科学规律指导教与学。

（2）突出活动真实性，创设真实或相对真实的情境，让学生在真实的使用过程中习得语言。

（3）重视活动实用性，选择最生活、最实用的主题开展活动，让学生充分感受到习得的语言是生活和学习中最需要的，切实激发学生学习动机。

（4）加强学习策略指导，让学生意识到学习是一个自我建构的过程，切实提高学生自主学习能力。

2. 实施策略及路线

课程内容	策略	路线
自然拼读	玩	字母音—拼读音—5个元音长短音—字母组合音—阅读应用—口语交际应用
情景口语	秀	个人：看图说话、看图讲故事、演讲；集体：生活情景剧、即兴表演
原版阅读	演	阅读——创编——展演

3. 实施课型

课程最终要落实到课堂，在实施的过程中，为了达成不同的能力目标，形成了不同的课型：语音课、听说课、阅读课、活动课。

四、阶梯英语素养表现性评价体系

形成性评价（关注学生学习过程）	能力标准体系	围绕关键能力，师生共同开发表现性评价标准，并应用到每一堂课中，有效提升学生学习过程的实效性
	情感态度体系	通过问卷调查与分析、漫谈、家长及同伴评价等了解学生对英语学习的兴趣及信心
终结性评价（关注学生能力展示）	水平测试体系	纸笔测试：根据课标要求，组织统一的英语水平考试
	能力展示体系	能力展示：围绕关键能力，如拼读能力、交际能力、阅读能力等，进行才艺展示

课程实施评价规则

课程实施和评价是课程运作系统中的重要环节。课程实施是否扎实、评价方式是否适切，都直接影响课程的实施效果。随着中国学生发展核心素养研究成果的发布，我国的教育改革正式迈入核心素养时代，立德树人成为学校教育的根本任务，课程目标也由过去的三维目标转变为素养导向的发展目标，课程的实施途径、评价方式也随着发生了重要变化。教育部《关于全面深化课程改革落实立德树人根本任务的意见》中指出："全面发挥课程标准的统领作用，协同推进教材编写、教学实施、评价方式、考试命题等各环节的改革，使其有效配合，相互促进"，"各地要组织开展育人思想和方法研讨活动，将教育教学的行为统一到育人目标上来。要在发挥各学科独特育人功能的基础上，充分发挥学科间综合育人功能，开展跨学科主题教育教学活动，将相关学科的教育内容有机整合，提高学生综合分析问题、解决问题能力"，"加强发展性评价，发挥评价促进学生成长、教师发展和改进教学实践的功能。各地要组织实施中小学教育质量综合评价改革，鼓励学校积极探索，完善科学多元的评价指标体系，引导树立科学的教育质量观"。

晏婴小学结合中国学生发展核心素养体系，提出了"立德立行，善思善辩"的育人目标。在课程实施方面，改变过去被动、接收的教学方式，努力构建以"大情境、大任务、大概念"为特征的单元教学模式，让学生自己去思考、探究和反思，成为学习的主人；在课程评价方面，更加关注对关键能力、必备品格和价值观念的评价，大力实施表现性评价，全面考察学生素养，形成了以下的课程实施与评价规则。

一、基于课程标准进行教学，做好国家课程标准解析

课程标准是国家课程的纲领性文件，规定了课程的性质、目标、内容框架，体现了国家对不同阶段的学生在知识与技能、过程与方法、情感态度与价值观等方面的基本要求，是教师教学的根本依据。所以，教师的教学必须要基于国家课程标准，把它作为制定学习目标、选择学习资源、确定教学策略的源头和出发点。但课程标准一般是按学段来叙写的，规定的是学生经历一个学段的学习后所要达到的水平或要求，描述也相对笼统、概括，没有清楚地说明每个学期学生应该学什么、应该达到什么程度，对单元或课时的教学设计来说，有些课程标准是不能直接使用的。教师若要开展基于课程标准的教学，须对课程标准进行专业性的分解，研制与课程标准相一致的学年目标、学期目标、单元目标、课时目标，构建与上述目标体系相一致的课程内容、课程实施、课程评价等，并系统、一致地设计出学年教学方案、学期教学方案、单元教学方案、课时教学方案。

【案例】语文国家课程标准校本化解析（节选）

......

在进行国家课程标准分解时，我们主要按照"大能力——核心能力——子能力——校本化课程目标——表现性标准"的顺序进行。也就是说，先从国家课程标准中提取出大能力，通过进一步解读学段标准，从中提取出学段核心能力，形成"大梯度"。接着，通过提取学期核心能力，形成"中梯度"。最后，通过学期核心能力的再分解，形成由"小支架"构成的校本化课程目标。

1. 确立五大能力

语文国家课程标准把小学语文分为识字写字、阅读、写作、综合实践、口语交际五大领域，我们由此而提取出五大能力：写字能力、阅读能力、习作能力、实践能力、口语能力。以此旨在表明，国家课程标准中的这五大领域从表面上看是知识层面的，但知识的学习并不是最终目的，学知识就是为了达成能力，能力积累到一定质与量就能形成素养。根据这个关系，我们把从国家课程标准五大领域提取出的五大能力作为达成核心素养的基本依据。

2. 寻找学段核心能力

确立了五大能力，要把这五大能力进行细化、落实，就需要寻找学段核心能力。以写字能力的分解为例来陈述：我们把写字能力按照学段划分为三个能力，第一学段重点发展正确书写能力，第二学段重点发展规范书写能力，第三学段重点发展美观书写能力，这三个学段能力之间有明显的梯度性。

3. 定位子能力

确定了学段核心能力，要想将国家课程标准落实到校本化、落实到细处，还需搭建一个阶梯，那就是子能力。例如，我们把第一学段写字能力的子能力确定为：独体字正确书写能力、偏旁变化正确书写能力、合体字正确书写能力。

4. 确定校本化课程目标

根据学生实际，结合子能力定位，对国家课程标准进行补充完善，明确做什么、怎么做、做到什么程度。例如：第一学段识字写字部分的第三条为"掌握汉字的基本笔画和常用的偏旁部首，能按笔顺规则用硬笔写字，注意间架结构"，我们把它分解为成梯度的七条陈述，第一条内容标准为"能根据老师的示范，掌握田字格各部分的名称"，相应的表现性标准为"能够熟练指出并说出田字格的位置和对应的名称"。

......

二、提取学科大概念，构建学科概念网

学科大概念，是指能反映学科的本质，居于学科的中心地位，具有较为广泛的适用性和解释力的原理、思想和方法。大概念群集中体现了学科结构和学科本质，就如同一个文件夹，提供了归档无限小概念的有序结构或合理框架。有限的大概念之间相互联结，共同构成了学科的连贯整体，使学科不再被视为一套断断续续的概念、原则、事实和方法。埃里克森（L. Erickson）指出，学科大概念有极大的迁移价值，随着时间的推移，能被应用于许多其他纵向的学科内情境和横向的学科间情境，以及学校以外的新的情境。学科大概念为教师提供了一种宏观视角，让教师和学生从整体上去思考、把握学习内容背后隐含的意义，从而有效解决"只见树木，不见森林""一叶障目，不见泰山"的问题，是培养学生核心素养的必经之路。依据所适用范围的不同，学科大概念又可以分成不同层级：从一门学科的整体来看有学科概念，一个学段有一个学段的学段概念，一个学期有一个学期的学期概念，一个单元有一个单元的单元概念。这些大大小小的概念上下联系、左右贯通，就构成了一张支撑学科的概念网，让学习不再是一个个孤立、零散的知识点，而成为一张富有结构、主观能动的概念网。所以，提取学科大概念、构建学科概念网是当前推进核心素养导向教学的重要一环。

【链接】小学美术学科概念网构建（设计·应用领域）

设计·应用领域学科大概念：

1. 设计是创造性解决问题的活动，能传递与交流信息，改善环境与生活。

2. 认识和运用不同的美术语言是设计活动的基础。

3. 设计师依据设计思想，选择工具、媒材和方法进行创作。

4. 设计活动一般要经历规划方案、选择媒材与方法、构思设计、展评等过程。

设计·应用领域学段概念：

第一学段：

1. 设计与周围生活密切关联。

2. 形状与物品用途相关联。

3. 设计活动是尝试多种工具与媒材进行简单组合和装饰的过程。

第二学段：

1. 设计是大胆想象、表现构想的活动。

2. 基本的美术语言与物品用途相关联。

3. 设计师从物品用途出发，运用多种方法表现设计构想。

4. 设计活动要经历大胆想象、提出与表现构想、描述分析等过程。

第三学段：

1. 设计能改善环境与生活。

2. 从形态与功能的关系看，认识和有意识地运用基本的美术语言是设计活动的基础。

3. 设计师本着"物以致用"的思想，利用工具与媒材特性进行创作。

4. 设计活动要经历发现问题、创意构想、设计制作、展评等过程。

设计·应用领域五年级下学期学期概念：

1. 设计能改善环境与生活。

2. 造型、色彩、结构、装饰、材质等为物品功能服务。

3. 设计师本着"物以致用"的思想，废物利用，进行初步的创意设计。

4. 设计活动要经历寻找问题、制定方案、构思设计、制作展示等过程。

三、倡导真实性学习，让学习真实发生

　　真实性学习是指基于真实生活并面向真实世界的学习，是一种鼓励学生积极创造、合作共享的学习方式。在真实性学习中，教育者提出一定的激励与挑战，并为学生提供必要的标准、计划、资源以支持学生的成功，教师成为学习指导者或事件管理者，化身为辅导者而非"独裁者"；学生综合运用其自身能力，发挥潜能，将收集的材料有效组织、合作共享，从而创造有意义的、有价值的、有效的、能共享的学习成果，以解决真实世界中的问题。真实性学习中的学习任务往往是真实生活中的任务或模拟真实世界的任务，为学习者提供与真实世界直接联结的机会。在真实性学习理念下，学习不再是传统的简单记忆、接受信息及主题讨论，而是基于一个真实的问题，为学生提供支持，让学生在探索中应用技能、提升素养，进而解决真实世界的问题，获得最佳的学习体验。真实性学习有效解决了"纸上谈兵"、"高分低能"的问题，让学生在知识建构的过程中充分体会到知识的价值和作用，提升综合运用知识解决问题的能力。

【案例】让习作变得更真实

　　古往今来，人为什么要写文章呢？写文章是一种高强度的表达活动，非有某种需要，人一般是不会动笔来写文章的。写文章也是一种高难度的活动，非有某种条件也是写不出来的。文章写出来是以一定的物质形态存在的，这个物质成果是要在人们的生活中起到某种作用的。只有满足了这一点，人们才会来写文章。这是关于写文章的基本规律，凡是写文章的人都是有体会的。

可是到了我们的中小学作文里，人们对这样的"基本规律"视而不见，充耳不闻。学生们为什么要写作文——老师要我写的，这是作业。写文章有许多条件，查资料，搞调查，了解具体情况，必要的情况下要亲身体验——在教室里，45分钟。文章写出来有什么用呢？——没有什么用，写完了交给老师，老师给个分，完了。

《义务教育语文课程标准》要求："学生说真话、实话、心里话，不说假话、空话、套话。"为此，作文教学应讲究趣味性，让孩子快乐作文；应注意实践性，让孩子接触自然，深入社会；应重视开放性，减少写作的束缚，鼓励孩子自由表达和创意表达；还应追求教育性，使孩子在写作过程中陶冶情操，表达真情实感。这就需要我们摒弃虚假性作文，进行"真实性"写作。

何谓"真实性"写作？李海林先生在其《论真实的写作》中说：所谓的真实是强调写作行为的真实性，即写作任务、写作环境、写作对象（即读者）的真实性。

基于以上认识，本学期，在进行完鲁教版五年级下册第二单元"艺术的魅力"后，我设计了一节习作课，尝试着让习作变得"真实"起来。

1. 真实的写作任务

在分析了课程标准、学情、教材之后，我确定了本节课的核心目标：运用联想和想象具体生动地表达对艺术的独特感受。

一说到艺术，可能大多数人想到的就是名曲、名画等名作，对于小学生来说，要想表达对艺术的独特感受是非常难的。可是，我们要知道，艺术其实就在我们身边，每个学生都会有自己喜欢的小玩意儿或者小工艺品，这些都可以称为艺术品，让学生来表达对这些自己熟悉的、喜欢的艺术品的感受，那就非常轻松了。于是，我的课题就定为"炫炫我的宝贝"。

上课一开始，就让学生明确了本节课的任务：通过自己生动形象的描述，把自己宝贝的魅力展示出来，看谁的宝贝能被评为"最有魅力"的艺术品。

这样，就用真实的写作任务，让学生有了强烈的写作动机——我要通过我的描述，让我的宝贝"最有魅力"。

2. 真实的写作环境

以前的作文课上，要想让学生写一件物品的话，大多是用多媒体展示物品的图片让学生观察，好一点的课堂呢，老师可能拿一个实物让同学们相互传着观察一下。可这件物品是学生陌生的，他的观察也是片面的，这样往往不会有真实的感受。

在这节课中，每个学生手中都有自己喜欢的艺术品，他想怎么观察就怎么观察，他想什么时候观察就什么时候观察，这件物品是属于他自己的，感受也是他独有的。因此，学生们非常感兴趣，观察也特别仔细，真实的写作环境为后面的作文做好了铺垫。

3. 真实的写作对象（即读者）

本次的作文，写完之后不是交给老师打个等级就完事的，而是要展示给所有同学，自己的宝贝能否被评为"最有魅力"，就要靠自己的作文内容来展示，读者对作文内容是要当场反馈的。真实的写作对象，有力地督促了学生的写作。

这堂课，学生感兴趣了，写作投入了，不再无话可说、无病呻吟了，原因就是我把"写作"这个行为生活化了、真实化了。让写作变得"真实"起来，才是提高作文课堂效率的有效途径。

四、实施表现性评价，让核心素养落地

表现性评价是指"教师让学生在真实或模拟的生活环境中，运用先前获得的知识解决某个新问题或创造某种东西，以考查学生知识与技能的掌握程度，以及实践、问题解决、交流合作和批判性思考等多种复

杂能力的发展状况"。表现性评价是注重过程的评价，能够有效弥补纸笔测试的不足，考查一些过程方法、问题解决、动手操作、情感态度等方面的目标，和纸笔测试共同使用，能够让评价更全面、更准确，以评价驱动教学，更好地发挥评价的作用。

【案例】"金牌小导游" 表现性评价设计

评价目的	表现性评价
评价目标	具体生动地讲述马莲台的景点景色
任务成分	1. 充分了解马莲台的景色特点及历史传说故事 2. 撰写导游词 3. 讲述层次条理，细节突出 4. 表情生动，体态语运用恰当 5. 能够回答倾听者的提问
任务情景	马莲台一日游
表现性任务	通过视频观摩、师生合作、搜集资料、实地访问等方式，撰写导游词，掌握解说员的解说技巧，了解马莲台任一景点的特点及历史传说故事，向家长、老师及同学具体生动地讲述出来。
指导语	你是旅行社的一名导游，旅游旺季来临，旅行团推出"最炫齐地风"主题旅行，你要带领一个旅行团参观马莲台，你与你们旅行社的成员可以从以下几个方面进行准备：①借助搜集资料和实地走访等方式充分了解马莲台的景色特点及历史传说故事；②借助教师指导、范文阅读等方式，撰写导游词；③通过视频观摩等方式，掌握解说员的解说技巧；④反复练习，解说做到层次条理，细节突出，表情生动，体态语运用恰当；并且能够回答游客的提问。
评分规则（通用评分规则）	

规则之治

（续表）

评价目的	表现性评价		
等级 评价项目	金牌小导游	银牌小导游	铜牌小导游
具体	能够用普通话熟练讲解一处景点，层次条理，细节突出。	能够用普通话熟练讲解一处景点，层次条理。	能用普通话简单讲解一处景点，会因为紧张出现错误，也会磕磕巴巴。
生动	能够目视观众、表情自然、落落大方、恰当地运用体态语展示自己的讲解。	能够目视少部分观众，使用简单的体态语展示自己的讲解。	不敢目视观众，不敢使用任何体态语。
交流	能够认真倾听对方的问题，并及时做出回答。	对于观众提出的问题，能思考后做出回答。	不能回答观众提出的任何问题。

第三章

家长：基于规则的学校发展同盟军

第一节　始于服务

苏联教育家苏霍姆林斯基说过："没有家庭教育的学校和没有学校教育的家庭，不可能完成造就全面发展的人这一极其细致艰苦的工程。"在学生健康成长的过程中，学校和家庭都是不可或缺的主体。只有构建起和谐的家校关系，形成家校共育的格局，才能保障学生全面健康地成长。

近年来，我国教育部门颁布的有关家校共育的文件中，逐步明确了学校和家庭在育人过程中所起的不同作用。其中，2012年教育部颁布的《关于建立中小学幼儿园家长委员会的指导意见》，将家长委员会作为建设依法办学、自主管理、民主监督、社会参与的现代学校制度的重要内容，并规定了"参与学校管理""参与学校工作""沟通学校与家庭"等工作职责。

晏婴小学是临淄区最早开展家校共育的试点学校之一。学校从2011年起建立三级家长委员会，让家长有了参与班级、学校工作的机会，密切了家庭与学校之间的关系。

学校对家长委员会的定位，首先在于其服务功能。"服务"是指家委会协调家长力所能及地协助教师开展工作，如低年级家长到校协助教师指导学生清理卫生、在社会实践活动中协助教师管理学生安全等。与从事社会工作不同，家长是以教师同盟者的身份参与，帮助教师完成艰巨、繁重或仅靠教师力量难以完成的工作。学校育人工作的公益性质，决定了家长参与服务工作是无偿的。其次，家长委员会还具有沟通家校的作用。它既服务家长，能把家长的心声反映到学校，又能把学校的办学思想传达到家长，达到二者思想的统一。

家长委员会的服务功能要到位而不能越位。家长与教师在育人方向上是一致的，但承担了不同的教育责任。家长是孩子的第一任老师，要给孩子讲好"人生第一课"，帮助孩子扣好人生第一粒扣子；对于学校来说，应肩负起立德树人的重任，保质保量完成好国家规定的教育教学任务，从而培养德智体美劳全面发展的社会主义建设者和接班人。教师不能把自己的教育教学任务安排给家长，家长也不能代替教师行使教师的职能。家委会的建立，让二者有了衔接，形成了育人合力。学校要利用好这部分优秀家长资源，发挥他们的模范示范作用，带动更多的家长参与学校育人工作。

家长委员会组织管理规则

《国家中长期教育改革和发展规划纲要（2010—2020 年）》要求："适应中国国情和时代要求，建设依法治教、自主管理、民主监督、社会参与的现代学校制度，构建政府、学校、社会之间新型关系。"建立家长委员会，是推进现代学校制度建设的必然要求。

家长委员会，就是由家长代表成立的群众性自治组织，在学校中代表全体家长参与学校民主管理，支持和监督学校做好教育工作，是学校联系广大学生家长的桥梁和纽带。

三级家长委员会，指的是在学校结构中按照班级——年级——学校三个层面构建的家委会组织。三个层级构成的家委会组织，分别在不同的结构层面发挥不同的作用，共同促进学校工作的开展。三级家委会组织与班级、学校是共生而不是对立关系，是为孩子成长的最大公约数而共同努力的利益共同体。

晏婴小学家委会组织经过近十年的发展，逐渐趋向完善、成熟，成为了学校整体运行的一个重要组成部分，家校形成了合力，助力了学校发展。

一、推选，体现产生人选的民主原则

三级家委会组织分别是由班级家长、年级家长和学校家长代表组建而成，人选的产生应该是民主推荐，不能靠班主任或学校领导指定产生。各级家委会更不可沦为权贵圈子，造成家委会成员与其他家长的脱节，影响作用的发挥。

各层级家委会成员的产生程序是：在确立好班级家委会成员的基础上，选举产生本班家委会主任、副主任；学校组织各班家委会主任选举产生年级家委会主任，负责年级工作的开展；学校从各年级家委会主任中选举产生学校层面家委会主任，负责学校工作的开展。各级家委会成员由学校教师、家长选举产生，由校长任命并颁发聘书。按照三级建设家委会：学校——年级——班级，学校层面设家委会主任一人，每个年级层面设家委会主任两人，每个班级层面设家委会主任一人，其他人员由各层面负责人选任。

【链接】晏婴小学关于推荐产生一年级家委会成员的通知（节选）

......

担任班级家委会成员须具备以下条件：

1. 具有公益心。思想进步，作风正派，能把班级、学校的事情当成自己的事情去做，能把所有的孩子当成自己的孩子去爱护，不计名利，不计得失。

2. 具有责任感。热心教育事业，有较强的责任心，能主动了解家长的诉求，并代表家长向学校、老师提出合理化意见或建议。组织家委会成员，协助老师做好育人工作。

3. 甘做志愿者。家委会要真实、客观、公正、全面地宣传学校教育教学工作，提升学校品牌价值，自觉维护家委会和晏婴小学的形象，成为学校的代言人、志愿者。

4. 具备一定管理能力。有一定的组织管理经验、协调能力和社会活动能力，参与社会活动意识较强。

另外，家委会成员还需要有时间深入班级，参与学校各项工作。

具备以上条件者，可以采取自荐、他人推荐等方式积极报名参加班级家委会工作。有了您的参与，我们的班级将更加精彩。

……

二、管理，让家委会持续保持健康运行

家委会是家长的自治组织，管理和指导的责任在学校。引领到位，会更好地协助学校开展工作；出现偏向，则会影响学校形象、造成家长对学校的不当评价。因此，学校建立了家委会组织章程，完善了监督管理制度，发现问题及时予以纠正，切实履行管理和监督责任。对不符合家委会成员条件及违规人员启动退出机制，对优秀的家长志愿者定期表彰，确保家委会能正常依规行使职能。

【链接】晏婴小学优秀家委会志愿者评选办法（节选）

1. 积极参与班级服务工作。每人参加一次得 1 分，在工作中起到组织、协调作用的得 2 分。

2. 参与"文明交通安全出行"活动。积极响应学校倡议，参与班级上放学志愿服务，每次得 1 分。

3. 积极协助班级开展社会实践。在班级课程学习中积极参与，协助孩子、老师开展活动，每次得 1 分。

......

每学期累计分数达到 10 分，获得优秀家委会志愿者评选资格。期末结束，由家长、老师从入选者中共同评选产生人员名单。对出现违规行为的家委会成员，新学期将不再任用。

三、沟通，促其成为家校联系重要桥梁

三级家委会联系了学校三个不同层级的人员，能够及时发现、上报不同层面的问题，帮助家长向学校进行反映，代替学校进行反馈，架起一座解决问题的桥梁。所以，学校应利用好这个渠道，而不应该回避、推责，以免出现家校的不和谐、不稳定。

【案例】多亏了赵主任的一个电话

"李校长，我代表家委会向您反映一个问题吧。"

"好啊，赵主任请讲。"

"这几天，各班学生家长都收到一张孩子带回去的视力检查通知单，上面写了孩子的视力检查结果。本来帮孩子检查视力是好事，但有家长反映，孩子的视力没有问题，但检查的结果说是近视了，有的是弱视，问题还挺严重，要求家长带着孩子到某个眼镜公司去再次检查。这事大家觉得不大正常，但又不好意思找您，所以让我问问您知道吗？"

我听了一愣。的确，前几天有同事的熟人来找我，说是又到了视力检查时间了，需要给孩子做检查填档案，需要学校安排时间配合。按照原先教育局的安排，每年都有例行检查，所以我也就没怎么在意，就上报学校加到周工作安排中了。检查的人员来的时候，我还到教室看了一

下，感觉挺规范，也就没再费心。但是，往年没出问题，今年怎么会出这个问题呢？

"赵主任，您反映的这个问题我需要了解一下，然后再告诉您和各位家委会主任，好吧？"

挂掉电话，我先联系了同事，了解一下来联系的人员的身份。结果一问，这个人根本就不是原先医院派来的。再一问教育局艺体科，分管人员告诉我，局里组织的视力检查还没开始呢。

我终于恍然大悟。原来，这是有人利用这件事钻了空子。多亏了赵主任这个电话，不然有些家长真就上当受骗了。

我马上通知相关年级的负责人，一律停止视力检查。检查完的结果一律作废，不得带回家，更不能要求家长到眼镜公司复查。同时，各年级家委会主任通知到班级家委会主任，不要相信这次检查的结果，并说明原因。感谢家委会主任的提醒，更向各位家长表示歉意。

家委会主任的一个电话，为学校解除了一个大隐患。

四、服务，助力班级学校发展协同育人

家委会具有双向沟通作用。一方面，他们是家长的代言人，要把家长的心声、诉求反映到学校；另一方面，家委会还要组织成员担任学校的"义工"，把学校的办学主张、管理措施等与家长进行沟通说明，协助学校做好对外宣传及开展好各项工作。家委会要成为正能量传播组织，引领家长科学育人，助力班级更好发展。

【案例】家长交通值勤岗，护航师生生命安全

晏婴小学地处桑坡路与晏婴路交界处，每日人流量、车流量比较大，师生上放学存在一定安全隐患。同时，学校周边存在占道停车、小

摊小贩、乱发广告等现象，既不利于保障正常的教育秩序，也不利于学生身心的健康发展。

2017 年 3 月，学校家长委员会成员针对这个问题提出整改清理建议。家长委员会自发组成"安全护航小组"，并号召全体家长参与其中，联合临淄区城管局全面清理学校周边各类违章行为。同时，家长委员会召集家长义工，在学校门口南北两侧人行道，建立安全值勤岗，护送上学的孩子平安入校，护送放学的孩子平安通行，风雨无阻。

这一举措实施三年以来，使得晏婴小学的教育秩序得以顺利保障，学生上放学安全得以落实，得到广大家长和社会各界的大力支持。

学生放学秩序现在是一道靓丽的风景线，而造就这道靓丽风景线的，就是由学生家长组成的志愿者。这件事也经历了一个发展过程。

以前放学的时候，为了防止交通拥堵，是按照一至三年级走东门、四五年级走北门的方式进行。那样的优点是分散了学生，但缺点是教师值班累，学生回家绕的路远，很不方便。

学校家委会给学校领导提出建议后，学校改为了全部走东门。但近两千学生，再加上近千家长同时出现在东门，的确会造成拥堵。

为了维护放学秩序，更好地确保学生安全，减少放学时间，让家长尽可能早地接到孩子，提高放学效率，面对庞大的接送孩子的家长群体，仅仅依靠有限的教师力量是远远不够的，在家长学校的倡议下，在自发、自愿的基础上，家委会倡导组建了"文明交通家长志愿服务队"。

学校家委会下属的文明交通委员会主任牵头发出倡议，各班组织家长志愿者报名参加，协助教师值班、管理，特别是对车辆停放做统一要求，不占用机动车道，各年级不放学，接送的人员不要动，有效减少了路面拥堵。

每天中午和下午放学前半个小时，按照志愿者值班顺序，当天值班的家长志愿者就会到学校门卫领取代表志愿者组织的黄色马甲，有秩序地到各自负责的区域，指挥来接孩子家长的自行车、电动车、三轮车以及机动车的停放。

每当放学的时候，在短短的十几分钟时间内，接孩子的家长们迅速聚集到学校周边，志愿者会有序地以最快的速度引领家长们把各自的自行车、电动车、三轮车以及机动车停放到适当的区域，当孩子从学校排着整齐的队伍出来，经过的地方没有一辆交通工具影响放学路队，有效地保障了孩子的安全。

志愿者影响了家长，家长教育了孩子。现在，师生家长自觉遵守交通规则成为了一种文明习惯，晏婴小学也被评为了"淄博市交通安全示范学校"。

家长委员会在班级、学校中起到了服务、引领、表率的作用，成为了学校、教师工作的同盟军，增强了工作宣传影响的力度，也带动了个别思想落后、行动迟缓的家长，落实到教育对象上的效果远远大于仅靠一方的力量去实施。因此，发挥好三级家委会的服务功能，对促进学校工作的开展大有裨益。

家长委员会自治规则

晏婴小学家长委员会（以下简称家委会）是学校、教师与家长之间的一座桥梁，本着服务学校、服务教师、服务学生、服务家长的原则开展各项工作。

家委会积极发挥校级、年级、班级三级家长委员会的沟通、服务、监督、参与、管理五个作用，协助学校做好家长协调工作，增进相互理解和信任，共同营造良好的育人环境。

学校家委会直接向晏婴小学校长负责，每一位家委会成员都是学校的主人，团结全校学生家长，密切学校与家庭的联系，充分发挥家长对学校工作的参谋、监督作用，宣传国家的有关教育政策法规，加强学校管理，把学校教育与家庭教育有机地结合起来，以提高家长教育子女的水平，提高学校教育质量。

家委会的群众属性，决定了其在组织管理方面存在结构松散、人员分散、观点不易集中、容易产生隔阂造成误解等问题。因此，各级家委会需要在学校指导下，建立家委会自治规则（章程），以更好地加强本组织的自律和纪律。

一、工作简报，在阳光下晾晒日常工作

《晏婴小学家长委员会章程》第三条规定：要建立学校与家长委员会联席会议制度，定期通报情况，确保家长委员会依法、规范、有序、有效地开展工作。学校要通过校长信箱、QQ群、微信群、校长接待日等方式，接受家长的咨询，及时处理家长反映的家长委员会运行中存在的问题。家委会组织活动，必须向全体家长公开活动方案、安全预案、经费预算及支出明细，一事一结，一事一公开，接受家长、学校监督。坚决杜绝家委会成员借家委会名义违背家长意愿进行收费、摊派、违规征订教辅、强行组织活动、捐资等违规行为。

【链接】晏婴小学家委会年级负责人与学校领导碰头会简报

2014年12月3日中午，晏婴小学家委会年级负责人与学校有关领导在校园内举行第一次碰头会。会议有关事项如下：

一、参观学校食堂，与中午不回家的同学一同就餐。

二、互相沟通双方感兴趣的话题，并讨论了未来的工作思路。

就餐后，家委会年级负责人普遍感到学校食堂正规、卫生、秩序井然，饭菜质量较好，同学们基本上能够将所打的饭菜吃光。学校每天中午，都有10位教师负责食堂就餐同学的秩序管理，责任心很强。饭后，家委会成员各自支付了用餐费用，并给学校领导提出了建设性的建议，

包括增加饭菜的花样，第一次少打饭菜、尽后再取，第一次菜汤不要过多、以防染污校服或泼洒到地上引起危险，如何扩大学校内用餐规模等，学校领导都用心做了笔记，并表示今后一定加强校内用餐的科学管理。

李校长代表学校领导阐述了学校家委会的工作职责和今后的工作建议，并对年级家委会负责人进行了具体分工。会上学校领导提出：家委会的工作就是为了学校和家长有更好的沟通，一切工作的目的就是为了孩子的健康、安全和能力提升；为了加强联络，建立起了晏婴小学智慧家委 QQ 群，年级还要建立相应的年级群以方便沟通；学校同意设立家委会教学指导委员会来监督和指导学校的教学活动；同意建立晏婴小学智慧家长资源库，储备各领域各专业家长的资源，为学校教育资源的延伸做准备；同意成立家委会交通管理委员会来规范上学放学时的纪律；联系贵州学校的校长，建立两地学校学生的联谊通道；以班级、年级为单位征集家长对于学校建设的合理化建议；建议创新 2015 年"庆元旦"活动，以更好地丰富孩子的学习生活；加强学生及校园的安全问题等。

年级家委会负责人也就自己关心的问题提出了建设性的解决方案。

二、任期述职，用诚心换取大家真心支持

家委会主任是组织的核心，起到领导和引领的作用。各层级家委会主任的选择，通过任前竞聘演讲、任期结束述职评议等措施，可以起到激励、监督的作用，提高各级家委会负责人的责任心和执行力。对违犯章程或起不到模范示范作用的负责人，要进行调整。

【链接】晏婴小学家委会 2018—2019 学年工作述职报告

尊敬的各位家长、各班家委会主任：

大家好！我是晏婴小学学校家委会主任宋芳，因在烟台学习，不能参加学校会议，现委托学校谢秀凤主任替我作工作述职报告。

自 2018 年被大家推选为学校家委会主任以来，我深感责任重大，唯恐辜负各位家长和学校的信任，所以在干好本职工作的同时，与各年级家委会主任密切合作，团结一致，努力做好各项工作，现将工作简单总结如下。

一、准确定位，做好教师的助手、家长的代言人

家委会是联系家长和学校的桥梁，是家长的群众组织，目的就是沟通学校和家长。2018 年，我们这些主任正好遇上各班级教室文化更新，为了配合班级文化建设，大家利用节假日甚至晚上的休息时间，从参与设计到施工、验收，有钱的出钱，有力的出力，为孩子们创设了良好的学习氛围，受到了广泛好评。2018 年，学校为了让学生放学更安全有序，准备调整放学路队。我们家委会积极给学校提供好的建议，从试行到形成现在的路队，学校听取了我们提供的好建议，确保了学生的安全。一年来，由学校家委会组织的各班家长志愿者协助放学，让学校的放学秩序更加规范，交通行为更加文明，受到了广泛好评。

二、弥补缺陷，让孩子的学习发展得到更多机会

自从担任学校家委会主任以来，我们团队积极开展校外拓展课程。各班级家委会主任组织了班级的研学旅行，开阔了学生的视野。学校组织了报纸义卖、爱心捐助、稷下文化园参观实践、路山农场劳动实践等活动，让孩子们得到了更多锻炼的机会。

三、家长学校，与家长同学习、共进步

学校家委会传承了上届主任赵主任的优秀传统，积极组织家长开展学习。利用寒假、暑假以及周五、周六晚上的时间，组织家长学习，让越来越多的家长爱上了学习，家长学校的参与率也大大提升。

各位家长，因为孩子毕业的原因，本人将不能再担任学校家委会主任。我提议由四年级家委会主任高娜同志接任学校家委会主任，请大家予以审核。

以上工作报告若有不当之处，请大家批评指正。

学校家委会主任　宋芳

三、甘愿奉献，为促进孩子发展无怨无悔

家长委员会是群众性自治组织，利用好能成为教师的左膀右臂，增加学校师资力量，丰富学生学习资源，还可以协助教师组织社会实践活动、研学旅行活动等。但如果监管不力，会出现假借学校、教师的名义乱收费、集体购买资料等违反上级规定的行为，带来不良影响。因此，家委会自身的自我约束机制很重要，学校要有效监督、指导。

进入家委会的成员，要具有大局意识，能够自觉抵制各种利益诱惑，具备无私奉献的精神品质，心甘情愿为所有孩子服务，为促进孩子的发展无怨无悔。

【案例】解密晏婴小学"义卖报纸"课程实施的持久动力

晏婴小学德育课程体系中，社会实践课程"义卖报纸"已经持续了五年，每年都有大量学生、家长积极报名，有的同学五年中连年参与，年年都有不同收获。

那么，这门课程为什么能持久开展？学生参与实践的资金、人员的安全等这些棘手的问题怎么解决？这里，我们就不得不说一说晏婴小学优秀的家长委员会团队。

2014年3月，家委会第一次准备组织报纸义卖时，在筹备会议上就遇到了以上棘手问题。大家针对这些问题展开了热烈讨论，各种方案都被提了出来。

针对安全问题，大家一致认为，参与的学生必须要由家长陪同，确保一对一实施，避免出现漏洞。仅仅依靠这些还不够，整个活动还需要根据学生年级优化组合成不同小组，各组进入不同区域。每组带队的负责人要由各年级家委会主任担任，这些负责人由照顾自家一个孩子上升到管理全年级几百个孩子，责任重大。同时，他们还要负责协调好片区内的商场、城管、园林等不同部门，协助孩子在这些区域开展活动。这些负责人，要肯于吃苦、甘愿奉献，为众多家长带好头。

关于资金问题，有班级家委会主任反映，个别家长不理解我们的目的，认为"学校在变相收费，干脆我们直接交钱吧"；更有个别家长认为，家委会组织这样的活动是不是有利可图？为打消家长的这些疑虑，学校家委会赵主任提出：第一，活动开展所需的五千元经费由他本人垫付，家长不用掏一分钱；第二，参加活动完全自愿，认为对孩子有好处且能陪同孩子的家长欢迎参与，没时间的不要勉强；第三，活动由淄博满德慈善机构协助，安排专人负责收取每个孩子的义卖善款并进行公示，整个活动筹集的善款由慈善机构定向捐助困难家庭，并公示给所有学生、家长；第四，为了减轻教师负担，整个活动不需要教师参与，家委会全程组织实施。赵主任的提议得到了大家的积极拥护。

大家通过讨论，意见达成完全一致。各班级、年级家委会主任也积极承担起宣传、发动、组织的责任，他们分发报纸，管理协调，从早到晚，忙得不亦乐乎，但却没有一个人有怨言。参加活动的家长，看到孩子在活动中有了出色表现，纷纷对家委会成员啧啧称赞。

　　一个团结一心、甘于奉献、为了孩子成长忘我付出的优秀团队，支撑了活动的组织和开展。学校家委会主任的继任者，传承了这些优秀品质和精神，保证了整个课程的持续实施。

　　家委会组织实施实践活动，减轻了教师的负担。家长参与管理，避免了安全问题的发生。由家委会安排、操作，家长服务、指导，既补充了学校课程资源，也打消了个别家长的疑虑，提高了活动质量。

第二节　立于参与

参与也作"参预"，指预闻而参议其事；介入，参加，以第二或第三方的身份加入、融入某件事。在我国政治体制中，中国人民政治协商会议作为国家治理体系的重要组成部分，为各民主党派、无党派民主人士、各人民团体、各界爱国人士参与国家治理提供了便利，有利于国家科学、民主决策，是我国政治生活中发扬社会主义民主的充分体现。

参与不同于服务。参与需要相关人员融入相关工作，以主人的身份一同协商、决策。现代学校治理体系中，家长是重要构成要素之一。现代学校的建设，家长的参与不可或缺。学校要想充分发挥家庭对学生成长起到的长期、重要的影响作用，就需要家长参与学校教育教学工作。

在过去家校二元分立的状态下，家长不能参与学校育人工作，家庭教育与学校教育共同施加到孩子身上，产生的结果却是矛盾对立，导致孩子无所适从。家长的期待、诉求沟通不畅，往往会站到与学校、教师对立的一面，成为影响教育的因素。现代学校治理要求，学校和家长应站在共同为孩子的成长服务这一利益共同体的立场上，成为和谐的整体。学校更应该开放办学，邀请家长参与学校科学民主决策，补充教育资源，增加教育力量，取得更好的育人效果。

长期以来，晏婴小学为加强家校合作实效，实行开放式办学，调动家庭中一切积极因素参与学校管理，形成了学校、社会、家庭的合力育人机制。

每个新学年，晏婴小学都会重新组建校务委员会，在自愿的基础上，吸收关心学校发展的家长参与学校管理。通过校务委员会的力量，团结全校学生家长，开展有效的家校沟通，落实家长对学校教育教学工作的知情权、评议权、参与权和监督权。

家长参与校务委员会规则

晏婴小学每个班级都成立了班级家长委员会，让家长对学校和班级的教育教学和日常管理工作提出意见和合理化建议，并参与班级德育管理、课程建设规划、教育活动设计等。同时，学校还积极挖掘家长教育资源，吸纳有专业知识、技术特长的人才参与学校课程开发，实现了家长、社会、学校教育一体化。

晏婴小学三级家长委员会制度，搭建了学校与广大家长相互联系的纽带和桥梁，扩大了学校教育的内涵与外延，为学生全面和谐发展搭建了更广阔的平台，促进学校教育走上快速发展的"高速通道"。

一、家长参与学校中长期规划的制定

学校和家长的立场都是为了促进学生的发展。因此，学校的发展目标要听取家长的意见和建议，与家长取得一致，形成合力。晏婴小学定期组织召开家长委员会会议，听取家长代表对学校发展规划、教育教学工作安排等方面的意见和建议，就学校发展中的重要问题进行研究，让家长为学校的发展建言献策。

【案例】聊天引发的学校课程改革

2014 年 3 月，晏婴小学家长委员会会议上，孙镜峰校长同与会家长代表热切地交谈着。

"孙校长，我发现现在的课本很乱，很不科学啊！"一位家长朋友同孙镜峰校长说道。

"噢？怎么会乱呢？说来听听！"孙校长饶有兴趣地问道。

"比如说吧，我女儿今年上二年级，语文书中有一个单元是讲怎样观察事物的，数学书中也有这方面的知识，'道德与法治'也有这样的模块。但是，每位老师各讲各的，而且都是从零讲起，这样有点重复啊……"

"我还发现，国家现在提倡减负，但是孩子的书包越来越重，课程门类也越来越多，这是怎么回事啊？"

这位家长短短几句话，引发了孙校长的深入思考。是啊，现在的教材只顾自己学科的教学目标，没有站在受教育者的角度，考虑各学科的交融与统一。这也使得基层教育者工作量大，效率低。能不能推行一场变革，打破年级界限，打破学科壁垒，将多个学科的内容进行整合？

心动不如行动。2014 年 11 月，晏婴小学聘请山东省教育科学研究院课程研究中心张斌主任为课程专家，拉开了基础教育阶段的"朝向核心素养的课程整合"研究序幕。

2014 年同家长的这次简短的谈话，成为晏婴小学孙镜峰校长教育生涯的转折点，也成为晏婴小学推行课程改革的里程碑。

二、尽家长之力，解学校之难

学校教育得以顺利实施，安全、健康、教学、饮食等各项工作都需要保障，仅仅依靠学校教师力量远远不够，需要社会各界、全校师生共同努力。家长代表参与校务委员会，可以更好地了解学校困难，联合更多家长为学校排忧解难。

晏婴小学家长委员会发挥全体家长的优势和特长，与学校紧密协作，在依法治校、学校管理、校园文化建设、学校校外基地建设等方面，积极为学校和学生办实事、办好事，切实帮助学校解决办学中遇到的实际问题和困难，为学校的发展创造良好的外部环境。

【案例】家长助力校外实践基地建设

晏婴小学重视未成年人思想道德建设工作的推进和落实，既在学校内部设立了像红色基因传承基地这样的教育阵地，还在校外设立了四大社会实践基地：桑杨社区、稷下民俗文化园、美瑞鲜农场、齐园爱国主义教育基地。每年不同时节，学校按照不同基地的不同特色分年级开展活动，促进了学生快乐健康地成长。2019年4月，教育部全国高品质学校建设研讨会在晏婴小学召开，学校的办学经验受到与会代表好评。2020年5月，淄博市未成年人思想道德建设工作会议上，与会领导都对学校的做法给予好评。

晏婴小学的校外实践基地是怎样建设的呢？这要感谢家长们的支持和帮助。

在桑杨社区工作的家长积极与学校进行沟通，建立了社区与学校的联系渠道，也把社区建成了学校的第二"课堂"。稷下民俗文化园负责人杨宝玲热心公益，投资建成临淄民俗文化馆后，对晏婴小学的学生免费开放。听说晏婴小学要开辟校外劳动实践基地，三年级3班家长美瑞鲜农场刘刚经理主动联系学校，免费提供耕种体验、养殖观摩、采摘收获等项目，欢迎同学们到农场实践。另外，还有齐园爱国主义教育基地、齐鲁石化公司塑料厂、南金农民博物馆、华宇律师事务所等场所，都在家长的支持下成为了学校的社会实践基地。

家长的帮助，为同学们提供了丰富的社会实践资源，打开了了解社会的一扇扇窗户，看到了外面的精彩世界。

三、为学校课程建设贡献力量

为了促进学校课程建设工作，让课程的内容更加充实、形式更为多样，晏婴小学邀请家长走进学校，参与课程教学工作。家长利用自己的兴趣爱好和特长，与学生一起进行活动，使学生的课程内容更加丰富。

晏婴小学由家长任教的课程主要是学校的素质拓展类课程和部分校本课程，以及一些选修课程。在邀请家长担任素质拓展类课程的教师之前，学校会通过家长会、网络等途径，把课程的题目发给家长，家长可以根据自身的特长报名。

【案例】我是学生喜欢的"美食老师"

我是一名面点师，自己经营着一家早餐店。这个学期，我却有了另外一个身份：晏婴小学的一名"老师"。

这事还得从几个月前谈起。有一天，女儿放学跟我说，学校"课程实践中心"招收家长义工。曾经从孩子班主任发的图册里一睹晏婴小学"课程实践中心"的真容：美食课程、收纳课程、安全演练课程、手工课程……我和孩子被那些课程深深吸引着。

我赶紧让女儿帮忙在美食课程报了名。我的专长就是做各种美食，这次有机会为孩子们做点什么，感觉特别荣幸。

课程实践中心的负责人于老师，在第一次会议上告诉我们，晏婴小学的"课程实践中心"，不同于社会上的职业体验游戏，它是一门课程，需要仔细研究孩子心理，制定课程目标，课程的实施和评价也要适应小学生。作为课程开发人，我认真地研究了小学生的年龄特点，甚至向于老师请教了几个上课小妙招。关于课程内容，我听取了女儿和她同学们的建议，决定以中式节日面点为重点。上网查资料，征求女儿同学的意见，向老师请教……经过一个月的充分准备，我终于可以上岗了。

再过几天是中秋节，我的第一次课程从制作月饼开始。

我和选这门课的孩子们交流了中秋节的饮食文化，细心地给他们演示怎样调馅、拌粉、包馅、压模……孩子们学得认真，做得投入。他们三人一组，两人一队，合作制作，还时不时来问问我。月饼烤出来了，虽然月饼烤得厚薄不均、形状怪样，但是大家收获了自己的成果，都兴奋极了。

孩子们相互谈论着本节课的收获，点评着彼此的作品。我看着这些在家"两手不沾阳春水"的娃娃们学习这么用心，心里由衷地高兴，在课程评价单上给每个孩子打上了一个大大的"A"。

四、助力校外实践，拓宽学习渠道

晏婴小学校务委员会多方创造条件，支持和帮助学生的校外实践活动，为学生开展社会实践活动提供方便，拓宽了学生学习渠道，实现学校、社会、家庭三位一体式教育。

【案例】研学课程，让快乐与梦想一起飞

众所周知，研学旅行能提升中小学生的自理能力、创新精神和实践能力。作为家长，我们很希望老师能组织学生通过集体旅行、集中食宿的方式走出校园，在与平常不同的生活中拓展视野、丰富知识，加深与自然和文化的亲近感，增加对集体生活方式和社会公共道德的体验。我们一问老师，老师说涉及安全、收费等问题，老师怕出现投诉，不敢组织。

这怎么办？后来，我们家长委员会一讨论，觉得应该承担起这个教育责任。

在这样的理念下，学校各班级家委会组织各班级进行了各种研学活动。

我们四年级五班选择研学的地方是潍坊杨家埠风筝博物馆，是我牵头组织的。中国是风筝的故乡，从有文字记载以来，已有 2000 多年历史。潍坊是发明风筝和放飞风筝最早的地方之一，潍坊特产杨家埠风筝与杨家埠年画一样，在我国民族艺术宝库中，都凭自己独特的艺术魅力，占有了一席之地。

孩子们在杨家埠风筝博物馆参观了 300 多个品种的风筝。小不盈尺，放飞时用细线牵动，微风即起；大长数百米，放飞时需用 8 吨载重汽车牵引，四级风以上方能腾空。孩子们参观了长 350 米、腰径 70 厘米、共 320 节的超大型"龙头蜈蚣"，还参观了"荷花屏"、"小蜈蚣"、"天女散花"、"友谊花开"、"钟馗"、"包青天"等 10 余件全国风筝比赛获奖作品。

在这里，孩子们不仅大饱了眼福，领略到几百年前杨家埠人的生活方式，体味杨家埠人古老的民俗风情，而且还亲自动手，跟师傅们学习扎制风筝，在老师傅的指导下，套印自己属相的木板年画。当孩子们拿着自己印刷的木版年画展示给父母看的时候，眼睛里都充满了自信、骄傲的光芒。

回来后，家长们都对这次研学非常满意，给我们几个负责人高度评价。我们觉得能协助老师完成这项工作，是一件幸福的事。

家长参与班级管理规则

家庭是孩子成长的摇篮，家庭教育是学校教育、班级建设的基础。学校教育需要家长的配合，班级管理工作更需要家长的信任与支持。因此，将家长吸收到班级管理中来，对学生的教育会起到事半功倍的效果。

晏婴小学通过建立班级家长委员会，采取邀请家长到班级讲座、教师家访等形式，搭建家校沟通的桥梁。班主任、任课教师与家长充分交流对班级管理、教育教学的意见并形成共识，再将他们的意愿向学校反映和沟通，加强了家庭、社会与学校的联系。

一、家长进课堂，与孩子共同成长

家长资源是学校教育中最为丰富的校外资源。晏婴小学定期邀请学生家长作为"少先队志愿辅导员"，走进课堂为孩子讲授安全、防疫、地域文化、科技等课程。学校通过开展家长进课堂活动，拓宽了教育的渠道，开阔了学生的眼界，也使家长更加深入地了解班级和学校。此项活动，加强了家校之间的联系，增进了教师与家长之间的了解，有利于促进学生的全面发展，深受社会各界的好评。

【案例】小小"蹴鞠"，文化流长

我是临淄区齐文化博物院的一名志愿服务者，在第15届齐文化旅游节来临之际，有幸被孩子的老师邀请，为晏婴小学二年级三班全体小朋友讲了一节齐文化课程。

给低年级小朋友讲齐文化，我心里还真有点忐忑。怕自己讲得太深，小朋友听不懂；又怕讲得太浅，大家没兴趣。我问了儿子和他几个同班同学的意见，大家都表示想听听与"蹴鞠"有关的故事。蹴鞠，自己并不陌生，我做齐文化博物院志愿者的服务场所正是"蹴鞠馆"，那就确定这个主题吧。

讲课那天，我特意借来蹴鞠队员的队服穿上，并带去了自己收藏的几款蹴鞠。小朋友们看到教室来了位"古代的叔叔"，特别兴奋。我趁势问道："大家猜猜，我是做什么的？"小朋友们七嘴八舌说起来，我告诉他们，我是一名蹴鞠球员。"蹴鞠是个什么东西呢？"我拿出自己带去的蹴鞠，让小朋友们摸一摸、猜一猜。小朋友在传统文化课上听说过蹴鞠，了解"蹴鞠是现代足球的原型"，但是第一次零距离感受蹴鞠，大家都很兴奋。我们又聊起了蹴鞠的由来、制作、在全世界的影响，以及怎样玩蹴鞠、与蹴鞠有关的故事等。我边介绍边表演，小朋友们兴趣盎然，教室里讨论得热火朝天。应孩子们的要求，我还教了他们"旱地拾鱼""排云推月""风摆荷""凤栖梧"等几个简单的蹴鞠招式。小朋友们边玩边演，对我们的齐文化有了一些初步了解。课程最后，我送给每位小朋友一张蹴鞠娃剪纸作为小礼物，告诉大家，第15届齐文化旅游节马上就要开幕了，欢迎大家到齐文化博物院现场感受蹴鞠和家乡文化的魅力。

作为一名普通人，我们在临淄这方土地上各自经营，但是源远流长的家乡文化，又把我们的命脉紧紧维系在一起。非常感动于晏婴小学的老师有这样朴素而前瞻性的眼光，让小朋友们从小对家乡文化耳濡目染；非常欣喜，为了家乡文化的传承，我能略尽绵薄之力。

孩子们，未来是你们的！愿我们怀着对历史的深情凝望，努力学习，努力成长，书写家乡未来的辉煌！

二、家长做助教，增加班级师资力量

家长是实现班级管理的教育共同体。家长参与班级管理，协助教师组织有关活动，主动支持班级建设和教育教学的发展，可以让教师更全面地开展各类教育教学活动，更充分地论证活动的意义，提高教育教学活动的实效性。同时，家长的参与，增加了师资力量，为提高质量提供了保障。

【案例1】 我与孩子共成长

5月31日，天气格外明媚，今天是轩轩加入少先队的大日子，我们一年级所有家长有幸参与了孩子这一庄严的活动，见证了孩子人生的重要成长。

新生入队仪式在晏婴小学操场隆重举行。入队仪式在雄壮的出旗曲中拉开了序幕，随着激昂的少先队出旗曲的响起，全体同学齐唱国歌。紧接着，少先队员们高唱少年先锋队队歌，嘹亮的歌声表达了同学们对组织的热爱。随后传递党旗、国旗、团旗、队旗四面红色旗帜，让红色旗帜代代相传，让星星火炬永放光芒。在少先队辅导员宣读组建一年级少先队的决定及新队员名单后，我们家长郑重地为自己的孩子系上鲜艳的红领巾，看着轩轩脸上洋溢的开心的笑容，我无比激动。随后，少先队大队委带着一年级新队员们庄重宣誓，新队员们小小的手高高地举起，脸上都写满坚毅而快乐的表情。最后，在李文强校长的寄语中结束了此次活动。

今天，我见证了孩子的入队仪式，非常感谢学校给我们家长这次陪伴孩子成长的机会。今后，我会经常鞭策他：你已经是一名光荣的少先队员了，要争取更优秀。

相信在晏婴小学这个塑造人、锻炼人的集体里，孩子们定将健康快乐地成长。

【案例2】 爱护眼睛，呵护心灵的窗口

我是临淄区视力防护中心的工作人员。今天，我应晏婴小学二年级六班师生邀请，为老师和同学们做了一场"爱眼卫生"专题讲座。

我将这次讲座的主题，定为"近视的危害与防护"。我儿子乐乐也是二年级六班的一员，我从儿子平常的不良用眼习惯讲起，从近视的危害、常见的用眼不当的行为、如何区分真假近视、青少年近视自我疗法四个方面展开讲述。同学们听得很认真，纷纷向我提问："阿姨，妈妈说多吃羊肝能保护眼睛，对吗？""如果看书累了，还想继续读书，怎么办？"我一一为孩子们进行了解答。

我还给每位同学测试了视力，发现全班43个孩子，已经有7人的裸眼视力低于1.0。仔细询问之下才知道，这些孩子在家看平板电脑和手机比较多。我告诉他们，每天看电子产品的时间不能多于1小时，每次不能多于0.5小时。同时，注意多按压穴位，缓解视力疲劳。

非常感谢张老师给我这次与同学们交流分享的机会，希望在家长和学校的共同努力下，让所有小朋友养成良好的用眼卫生习惯，在读写姿势的掌握、正确做眼睛保健操、不过度用眼等方面提高认识，呵护好心灵的窗口。

现在，晏婴小学家长进课堂活动已经延伸到每个班级，如在每个班都开展的阅读工程活动中，家长担任编剧和导演，积极参与学校的文明剧演出等。家长的参与促进了班级活动的开展，促进了学校的教学、德育工作的全面提升。

三、监督评价，全面建构学生成长体系

晏婴小学实行多元评价机制，努力探索智慧育人新思路。学校梳理了品德、智力、健体、审美、创造、生活6个维度，每一个维度分别由班主任、学科教师、家长与学生一起协商评价标准，邀请家长参与班级管理。家长的参与，弥补了学校教育中家校不和谐导致的"2>5"问题的发生，增强了育人效果。

【案例】小小文明币，教育大智慧

瑞瑞上一年级以来，我一直处于抓狂状态：起床磨磨蹭蹭，吃饭拖拖拉拉，一说读书就"尿尿"，写几个字像烂草，三天两头在学校调皮闹事……哄也不听，打也不听，"母慈子孝"早已扔到脑后，家里天天"鸡飞狗跳"。

改变，是从那张小小的"文明币"开始的。开学第一个月，学校召开家长会，向家长介绍了学校"文明银行"德育课程。晏婴小学根据"中小学生守则"及"晏婴小学学生日常行为规范"，将学生日常行为划分为品德、智力、健体等六大体系，学生在校内外遵守纪律、积极进取，可获取相应的"品德加分币""智力加分币""健体加分币""审美加分币""科技创新加分币""生活加分币"。每周一班会上，孩子们可将集齐的一套六色加分币，兑换为一枚"文明币"。"文明币"可根据数量用于兑换学校"文明处"的奖品，或用于每月一次的"小书迷文明市场"交易。校内行为由老师和小伙伴进行评价，校外表现则由家长负责监督。

看到我带回去的蓝色家庭加分币，瑞瑞非常激动，他说保证做一个优秀的孩子。晚上，在老师的指导下，我给瑞瑞制定了行为习惯得分表，如自己整理小书包得2分，读写姿势正确得2分，早上6：40按时起床得2分，洗漱不超过10分钟得1分……

事　项	效　果	得　分
早上6：40按时起床		
10分钟洗漱		
20分钟吃饭		

（续表）

事　项	效　果	得　分
吃饭不挑食		
在学校遵守纪律		
在学校认真听讲		
自己整理小书包		
读写姿势正确		
每天认真练字 15 分钟		
每天坚持读书半小时		
尊敬长辈		
……		

试行一段时间后，我发现瑞瑞变了：自己的事情自己做，做事麻利不拖沓，越来越有礼貌，上课听讲也比以前专心了……

没想到，小小调皮蛋，在一张"文明币"的带动下，规范了自己的行为，成为越来越懂事的好孩子。

"教育无小事，处处有智慧"，正如晏婴小学李校长在家长会上说的，我们家长、教师要关注孩子成长的每一件"小事"，只有做好"小事"，才能成就大事。

第三节　成于共育

家庭教育是学校教育和社会教育的起点，更是学校教育的补充。家校共育，需要教师深入学生家庭，家长参与学校管理，实现真正的沟通与互动，协调家校双方的力量形成合力，为学生创造良好的学习和教育环境，有效促进孩子健康快乐地成长。

在晏婴小学，家长不能仅仅是一个服务者、参与者，更要成为一个育人者。毫无疑问，学校教师是育人的主力军，承担着学校主要的育人功能。无论从学生的德育习惯培养，还是从学生的知识技能习得，教师都是中坚力量。但在看到教师这个中坚力量的同时，我们不能忽略家长团体在"育人"方面所起的重要作用。在晏婴小学，家长的育人作用主要包括两大部分：第一部分是家长在学生非在校期间所起到的育人作用，对于这部分，学校不做过多约束，因为每个家长都有自己的育人观念，包括对自家孩子的期望都会有所不同；第二部分是家长在学生在校期间所起到的育人作用，其主要方式是家长对课程的参与。

晏婴小学的"课程建设"是教育特色，也是提高学生技能、让学生快速成长的重要路径。在课程建设过程中，家长担当重要的角色，他们参与决策、参与实施，甚至参与课程的管理和开发。课程是一个大的平台，是一个展现自我水平、促进学生成长的平台。先进的课程理念可能来自教师，也可能来自家长。为促进课程开发、实施等过程的优化，学校专门建立了一系列与课程相关的制度，主要原则就是要促进教师与家长之间的有效沟通。让家长尽量多地参与进来，让他们成为课程开发、实施的生力军，成为课程落实最好的左右手。

对部分专业技能要求比较高的课程，晏婴小学的家长甚至成为课程主角，从课程的开发到实施，家长是主要角色，而教师则成为家长的有力补充。学校有个原则，教师和家长是一对黄金搭档，合作目的只有一个，那就是开发出优秀的课程，促进学生的成长。

家校共同体运行与管理规则

家校共同体是家长参与学校管理的一种重要表现形式，它的组成部分是家庭和学校。学校是管理的主体，家庭则是学校管理的重要辅助。互相沟通是家校共同体的基础，协同育人是家校共同体的目标。

作为家校共同体的两个重要组成部分，学校和家庭都需要承担一定的责任。学校在做好育人的本职工作的同时，需要搭建好家校共育的平台，保证家校共同体的有效运行。家庭或家长不仅是执行者，更要成为平台建设的参与者，甚至谋划者。两方共同建设、共同参与、共同管理，家校共同体才能更好地发挥其作用 。

如何做到学校、家庭各尽其责又能互相依托，晏婴小学经过十年的不断完善，形成了比较完整的家校协同育人体系。

一、共同商议，共同执行

家校共同体的运行需要学校和家长各尽其责，这样才能更好地发挥其作用，而保证其正常运行的首要原则就是共同商议，共同执行。学校不能成为高高在上的指挥者，家长也不是只知落实的执行者，只有将两个主体都纳入商议、执行的轨道上来，家校共同体才能更好地发挥其作用。

一项与家长有关的活动，从方案的产生，到最后的落实，学校会分三步走。第一步是学校提出初步方案，家长委员会的代表召开会议，共同协商方案的进一步修订和完善。第二步是学校分管人员与家长委员会相关人员共同协商方案落实的相关细节。第三步是在家长协助下，学校对活动方案进行落实。晏婴小学家校共同体相关规定："与家长有关的学校活动方案需要与家长代表协商制定，并提交各级家委会和校委会批准。"

学校与家长的协商，会让我们的方案更加人性化，思考的角度也会更加全面。家委会对学校的促进作用在制度下会得到更好的发挥。

【案例】我们的家委会王主任

今年，孩子要上四年级了，本来一件很平常的事情，我和孩子却特别激动，因为孩子可以学习学校课程中心的课程啦！

说起学校课程中心，那是一个令晏婴小学所有学生心驰神往的地方，因为在那个地方，学生不用焦头烂额地做题、背书，可以制作美食和学习家务、逃生等各种生活技能。开学第一周，作为家委会成员的我被召集开会，会议的主要内容就是学校课程中心的开课问题。开课针对的对象是四年级，这个没有问题，随后学校领导抛出来的问题却在我们之间炸开了锅："今年学校教师紧缺，原来在课程中心任课的教师很大一部分要被调到其他年级任课。""李校长，课程中心的课程可是我们学校的一大特色啊，不能不上啊！"家委会副主任着急地说。"对啊，好不容易轮到我们孩子上课程中心的课了，不会不上了吧？"其他家委会成员纷纷应和。"课程中心的课我们是要坚持上下去，但是现在教师人手不足，所以，今天我们的主要任务就是讨论出一个更加合理的办法。"听到李校长的一席话，大家冷静了下来，随后大家你一言我一语地议论起来。

说实话，课程中心的课程内容比较丰富，无论从生活技能还是从逃生技能都有涉猎，上学期学校专门培训了部分教师来上课，如果本学期教师变动，无论是什么人来接手，都是严峻的考验。在大家议论的过程中，年级家委会王主任突然提高了嗓门："李校长，课程中心的课我们家长来上。"话音刚落，会议室一阵骚乱。"咱们什么都不会，怎么上啊？""是啊，即使我们能上了课，孩子也不怕我们，这不乱成一锅粥了吗？"其他成员议论的话语不绝于耳。这时候王主任语重心长地说："学校是我们孩子学习的地方，也是我们孩子成长的地方。学校为孩子们建设了课程中心，准备了那么多的器材和设备，现在学校遇到困难，人手紧缺，作为家长，我认为我们应该出自己的一份力。刚才有家长说我们不会，不会可以学，另外，在学生管理上，还希望学校能够给予我们支持。"听到王主任坚定的话语，李校长阐述了自己的想法："您说的方法很好，而且考虑也非常周到。您刚才提到的家长培训问题，我们可以协调教师利用专门的时间来进行，学生的管理问题，我们也可以协调班主任或者任课教师进行协助。但是我们讨论的这种方案，牵涉家长的任务性质特殊，需要经过学校校委会和学校家委会代表的同意，明天我们可以组织一次校委会和家委会代表会议，您找一名家长代表一起参会，阐述一下自己的想法。"

我们的王主任是一个认真的人，认真得有些较真。在会议结束之后，不让我们走，非要一起商讨一下具体的执行方案，为明天的阐述做准备。为了思考更加全面，我们找到了李校长，共同商议可能的执行方案。对家长的培训如何进行？哪些家长适合对学生授课？授课时需要的素材应该如何解决？授课的班级如何安排？学校应该提供什么样的帮助？一个个详细的问题被陆续提了出来，在大家的研讨下，一个个问题又都被陆续解决。不知不觉，几个小时已经过去，可大家的讨论还是那么热烈。

第二天，我有幸参加了学校校委会和学校家委会的专题会议，王主任对我们设计好的方案进行了详细的陈述，过程细致，考虑周到，问题解决方案完整合理。在陈述结束时，王主任语重心长地说："作为家长，应该是学校的后备军，当学校有需求时，我们就应该尽自己最大努力去支持。"王主任的方案得到了大家的一致赞同，学校领导也对王主任给予了很高的认可。会后，我问王主任："很多家长在面对学校问题时都会选择回避，您为什么还要迎难而上呢？"王主任笑了笑，说："学校有困难，作为家长当然要迎难而上，学校能和我们主动协商、制定方案，并在家长和老师的合作下共同执行，这才是一个学校应该有的样子。"

二、共同管理，共同实施

共同商议让家长变成了学校政策的决策者，这让家校共同体的意义变得更大。在学校共同协商制度的引领下，家校共同体让家长更多地参与学校决策，为学校的进步和变化出谋划策。与此同时，家校共同体还让家长更多地参与学校管理，对于某些任务的落实更会起到重要作用。

在很多学校，对于家长参与学校管理的落实，更多的会体现在参与为主，流于形式的味道浓烈，对学校的发展不会起到什么重要作用。学校应该主动将与家长密切相关的事件下放管理权和实施权，让家长成为真正的管理者和实施者。

家长参与学校管理是一件比较困难的事情，家长在其他成员中的威信是管理能否有效的关键。制度的支持只是有了参与学校管理的基础，如何参与学校管理并与教师合作共同高效实施则是非常关键的。

【案例】我当上了课程辅导老师

对我而言，今天是非常重要的一天，因为今天学校课程中心要开课了。这件对于别人来说极为平常的一件事，对我而言却不寻常，因为我是年级家委会主任，是本学期课程中心运行的协调者和实施者。说实话，在培训的时候，很多家长朋友是囫囵吞枣，他们怎么才能将自己都难以下咽的夹生饭转达给孩子们，我都感到担心。另外，我作为一名家长，今天还要管理授课家长、上课学生和值班教师三类群体，顿时感到压力山大。

早上，我早早来到课程中心，发现很多授课家长已经在那儿等候了，来得这么早的原因，无非是对自己的授课技术不放心。好在第一天有以前辅导教师的辅助，相信情况会好一些。

到了上课时间，一班班主任将学生领到了课程中心，学生也按照提前分好的组，到了相关课程的位置。班主任的主要任务是维持学生的纪律，好在这个班级的秩序非常好，省去了很多麻烦。开始上课了，我在各个课程区域间来回转，因为一开始是辅导教师示范，所以各个环节中规中矩，接下来就需要我们家长志愿者出场了。自检室情况还好一点，毕竟都是些医疗设备，学生不管如何做，只要秩序不乱，至少还有些样子，但逃生区情况就大不相同了，胆小怕事的孩子大声尖叫，家长志愿者想做个示范也被吓得胆战心惊。烹饪区情况更是糟糕，由于孩子在家里都是饭来张口，到了这里要亲手烹饪，结果把食材弄得桌上地下到处都是。

虽然情况狼狈，但是我不断告诉自己，只要孩子在动手，就一定会有收获。在课间休息时间，我召集所有家长志愿者询问遇到的问题并讨论解决的方法，班主任也参与其中给我们出主意、想办法。时间是难熬的，作为总协调者，他们遇到了问题都会来找我，一会儿素材不够了，一会儿设备出问题了，我不停地在各个区域之间跑来跑去，问题也一个接一个地得到解决。

终于，一天的课程结束了，当班主任将学生带回的时候，我长舒了一口气。一天的教学工作，感觉像过了一个月那么漫长，我也终于体会到当老师的不易了。

家校共同体是家校联系的桥梁，这种桥梁作用不仅体现在日常辅助，而且体现在方方面面。只有将家校共同体建设好、利用好，学校才会得到更好的发展。

家长课程资源建设规则

课程资源建设是课程建设的重要组成部分，是课程实施的基石。课程资源建设具有广泛性，学校有各类课程几十门，这些课程会用到各种各样的资源，一般来说，学校会根据上级要求配备部分资源，例如教学器具、多媒体设备等，但是很多资源却是学校无法解决的，例如专业教师的知识讲座、社会的环境资源等，而家长则能对课程资源起到很好的补充作用。

学校将家长纳入课程资源建设体系，做到物尽其用、人尽其才，对学校课程资源库的建设是极大的促进。在家长课程资源建设过程中，我们本着共同建设、共同开发、共同管理、共同实施的原则，提倡家长积极参与、积极落实，为课程的实施打下基础。

一、共同建设，共同开发

对于家长在课程资源建设中的作用，我们定位于共同建设和共同开发。共同建设的过程是家长参与学校管理的过程，在此过程中，家长能充分了解学校开展工作的内涵和工作将会对学生产生的影响，从而促进家长和学校的契合度。共同开发的过程是家长对课程资源建设充分支持的过程，家长的资源将会充分为课程实施所用，对充分发挥课程的育人价值很有帮助。

在学校制度体系中，有针对家长课程资源建设的相关规定，对家长在课程资源建设中重要作用的发挥起到了支撑作用，对学校课程资源的建设是极为重要的促进。

【案例1】晏婴小学家长课程资源建设规定（节选）

……

2. 家长对学校各类课程的开设内容、形式等有知晓权、监督权和建议权。

3. 家长有权利参与学校各类课程的开发工作，并有义务为课程的优化提出相关建议。

4. 学校应当为家长参与课程资源建设、课程开发等工作提供便利，并对参与建设和开发的家长按照学校重大贡献标准进行表彰。

……

家长参与课程资源建设和开发的形式有很多，从整体框架的建设到资源的寻找和完备，在帮学校解决问题的同时，也让课程的开展更加顺利，为学生的发展提供了保障。

【案例2】我是班级的后备军

今年，我的孩子刚上一年级，非常幸运，他被分到了于老师和付老师的班级。为什么说幸运呢，因为这两位老师打算开设一门超学科课程。什么是超学科课程我也不是特别清楚，但听老师们介绍，应该是一门让学生在玩中学习知识、提升学习兴趣的课程。

不知不觉，孩子上一年级已经一月有余，在这以常规训练为主的一个月里，孩子基本上适应了小学的节奏。在与其他班级家长的交流中，能感到这一个月的训练让孩子们张扬的性格收敛了不少，有的孩子甚至开始寡言少语。我开始暗暗为自己的孩子担心，怕他在接下来的学习中跟不上，不适应老师的上课节奏，给班级添乱。

在忐忑的担心中，我总是尝试通过与其他班级家长交流来获得更多的信息，在接孩子放学之前的空闲时间，便成了我们的专用拉呱时间。可以说，基本上所有家长反映出来的问题都是老师太严格，孩子都蔫了。但是在正式开始学习两周之后，我感到孩子变得更加活泼了，而且整天叽里呱啦地说个不停。在与孩子不断的交流中，我开始感到局促不安，因为孩子说在学校经常跑到外面去玩，还去看动物世界。为了弄明白到底怎么回事，我找了几个比较要好的本班家长交流此事，他们也是感到很不安。因为其他班级的孩子都在认真学习，这样弄下去，我们孩子到最后成绩肯定是稀里哗啦。为了孩子，我们决定去找班主任于老师谈话。找到于老师，我们纷纷表达了自己内心的不安。于老师笑了笑，说："明天，我们开一个家长会，老师和家长一起交流一下具体的情况，同时还有很多事情需要大家帮忙。"

在第二天的家长会上，于老师和付老师慷慨激昂地向我们介绍了他们实施动物课程的相关情况，这时候我们才明白，原来照这样下去孩子真会变得更聪明，而且动手能力也会得到提升。随后，于老师向大家宣布："我们开学后一直没有选家委会主任，昨天孙同学家长来和我谈话，我能看出她关心班集体的成长，我们决定推荐她担任我们的家委会主任。"我当时被羞得满脸通红。最后，于老师说："在大家了解了我们课程的相关情况后，我们还有问题需要大家帮忙，现在我们关于动物课程的资源缺乏，例如关于动物的书籍和关于动物的实践基地，大家有什么好的想法可以提出来，谢谢各位了。"

会议结束后，我赶紧找了几位比较积极的家长，一起商量如何帮班级解决课程资源的问题。为了更好地开展工作，我们专门成立了一个课程资源搜集小组，创建了专门的QQ群，并将于老师和付老师也拉了进来，在群里，大家有什么好的想法和建议都可以不受约束地交流。最后，我们决定为班级课程的开展建立绘本资源库、社会基地资源库。我们通过从网上搜集购买、学生捐赠等多种方式收集到关于动物的绘本300多本，充实到教室前面的图书角里。我们联系市里的动物园、区里的文化园作为我们的参观基地，并联系了动物研究专家杨老师为我们作讲座。在家里，我们督促孩子们一定要按时完成老师布置的分科作业和实践作业，并带头积极上传。

第一学期结束时，所有家长都被邀请参加班级课程展示。孩子们在老师的辅助下，精心编排了关于动物的童话剧，展示了自己编写的关于动物的诗词。教师精心准备了课件，展示课程开展过程中孩子们的点点滴滴。从课件中我们发现，孩子们课上认真研究学习，课间都依偎在图书角旁边认真读绘本。有时候他们在教室研究学习，有时候他们去室外观察记录，看到孩子们脸上洋溢的灿烂笑容，我们都感到特别欣慰。

在班级课程建设的道路上，我是后备军，因为它推动了孩子的成长。以后，我会继续把这个后备军当好，为班级课程的建设打下基础，为孩子的进步做出自己的贡献。

二、共同管理，共同实施

共同管理和共同实施在课程建设的过程中尤为重要，课程的构建是基础，而课程的管理和实施才是真正的核心。在课程的实施中，家长不但要有知情权，更要有管理权和参与权，这对课程是有利的，更是家校共育的体现。

家长参与课程的管理和实施有多种形式，上面提到的参与课程资源建设就是很重要的一个方面。我们在课程建设和实施过程中，很多资源的灵活性很高，或者是不固定的，所以，家长参与课程的管理和实施，对课程建设尤为重要。

晏婴小学家长课程资源建设规定："家长有权利参与课程的管理与实施，并提出自己的建议。""学校对参与课程管理和实施的家长做好记录，并按照次数计入班级考核和家长评优考核。"对于规定的落实，方式有很多，渠道也有很多，因为课程实施的单位不同，形式也不同。所以，在家长参与课程管理和实施的过程中，往往会呈现不同的形式，但无论哪种形式，都是对学校课程建设很好的辅助和促进。

【案例】"抽丝剥茧"亲历记

班主任于老师在家委会群里下了一个通知：前段时间，我们一直带着孩子们对蚕宝宝的生长过程进行观察和记录，孩子们在养蚕的过程中也有了自己的收获。接下来的课程环节，我们依照孩子们的意愿，拟对蚕茧进行研究。这个研究我们没有现成的资料可以参考，征求各位的意见，能否成立一个研究小组，我们先行研究，当有准确的方式和结果后，再带领孩子们进行研究，请王主任将大家的意见汇总后发给我，谢谢。

孩子们要开展这样的研究性课程，我们当然十分赞同。作为家委会主任的我，首先在家委会群里积极响应。当天我们就成立了由于老师、付老师、我和其他三名家长组成的筹备小组。第二天的专题会上，于老师提出了自己的设想。在该课程实施过程中，我们要准备的课程资源很独特，网络上提供的经验是将蚕茧用锅煮，然后就可以抽丝。所以，我们需要准备的材料就是蚕茧及很多可以用来煮蚕茧的锅。另外，按照网络上的方法操作，到底会是什么结果也是不明确的，因为说法不一，所以方法需要我们去尝试。

根据现实情况，我们进行了分工，两名家长负责网购蚕茧，两名家长和老师一起利用学生养蚕结出的蚕茧做实验。一个电热壶，里面有十几个白色的蚕茧在翻滚，四双眼睛紧紧地盯着看。第五分钟，我们尝试用筷子去拨动蚕茧，结果还是硬硬的，没有任何迹象。说实话，我从来没有想过蚕茧会这么结实，我原来以为一煮就会化掉的。到了第十分钟，用筷子搅动的时候，我们惊奇地发现，蚕茧表面开始发黏，有丝开始粘在筷子上，当尝试缠绕的时候，竟然抽出了丝，大家激动不已。在接下来的时间里，我们又尝试了撑蚕茧的方法，虽然只是为课程实施做准备，但我们也是乐在其中。

在随后学生的研究过程中，我们四人作为助教参与了其中，看到学生抽出蚕丝和撑开蚕茧之后脸上的兴奋表情，我们也特别开心。作为家长，对课程的参与是我们的责任，也是我们的义务。我们的参与能让课程更加的有趣，我们感到由衷的欣慰。

家长对课程建设的作用是不能用某种指标来衡量的，因为更多的影响是无形的，却是关键的，可以说，家长的参与让课程更有生命力。

家长志愿者评优规则

家长队伍是学校教育的同盟军，一般来说，家长参与学校活动的时候，会以家委会成员为主，但是在活动人数较多时，家长参与学校活动会以志愿者的形式出现。这些家长志愿者参与学校管理机会少、范围小，但是起到的作用却是很重要的。

学校的事务类型太杂，很多事情是需要比较多数量的家长来参与的，比如说家长协助值班、校外活动等。对家长工作的量化考核是学校的一个重要工作。晏婴小学在家长意愿基础之上，尝试制定了晏婴小学家长志愿者评优规定，在促进学校管理方面起到了很好的推动作用。

一、鼓励主动参与，汇聚同盟力量

家长支持学校工作很重要，但需要建立在家长自愿的基础上。所以，需要家长参与学校教育活动时，首先，要征集意见、鼓励参与。第二，要考虑家长的特长、优势，家长发挥各自优势参与学校教育活动，形成家校同盟，教育力量会大大增长，教育效果会大大提高。第三，面对全体家长这个大群体，代表的选择、榜样的树立，对其他家长会产生很大影响，因此，本着鼓励参与、主动参与的原则，学校制定了家长志愿者评优办法，让家长明确个人权利和义务，主动参与班级、学校活动，争当优秀典型。

【链接】晏婴小学家长志愿者评优办法（节选）

一、家长志愿者的权利和义务

……

3. 家长有主动报名参与学校管理的权利，学校对主动报名的家长志愿者按照数量、质量计入志愿者考核。

4. 学校对志愿者中能起到模范带头作用的家长实施单独表彰，每学年评选"五星志愿者标兵"，在学期末进行表彰。

二、家长志愿者评优办法

1. 班级计分办法

实施人员：班主任、任课教师

计分办法：

（1）班主任根据班级事务需要，组织家长志愿者参与的卫生清理工作，主动参与的家长一次加 2 分；

（2）班级组织的研学活动，主动参与、积极协助的家长志愿者每次加 3 分；

（3）发挥各自特长优势，积极承担家长进校园开展课外资源授课任务，一节课加 5 分。

……

二、提升服务品质，达成共育目标

志愿者群体对于学校的工作不仅是参与者，更是主导者。学校规则的制定和管理框架的运行虽然以学生为主体，但在制定和运行中更需要学生、教师和家长形成合力。要让学生德智体美劳全面发展，家长作为监护人，其意见、措施针对性更强。所以，学校要努力发掘优秀家长资源，调动志愿者的主观能动性，让他们成为组织者、管理者甚至是决策者，必将推动学校各项工作品质有极大提升。

学校管理各个层面的志愿者队伍主动思考，创造性地开展工作，大大提升了服务品质，为学校增加了人力资源，也让家校共育的质量迈上了新台阶。

【案例】人多力量大，助力解难题

我是孩子班级的家委会主任，本着为班级、学校多做贡献的想法，我们很想参与学校班级的一些工作。晏婴小学也有这样的氛围，家校合作一直很和谐。其中，有一件事还是我提议并落实的呢！

在一次家委会主任会议上，李校长向大家解读了家长志愿者参与活动的有关规定，让大家明确了今后开展活动的内容和要求。临近结束，二年级的谢主任提出了一个问题，现在学生放学期间校门口拥堵很严重，我们家长委员会是不是协助学校解决一下这个问题？李校长听了以后，征求大家的意见，大家也非常赞同，都认为这个问题很有必要解决。

在一片赞同声中，我的大脑在飞速地旋转，因为我有不同的想法。谢主任提出的建议是学校专门再安排老师负责上放学值班工作，各班家长做好配合。但我发现，在这个过程中，组织、协调等工作还是老师在做，会增加老师负担，家长志愿者的参与作用微乎其微。但实际上家长与家长之间更有共同语言，例如，在处理家长接不到孩子、家长不按规定接送孩子等问题上，我们站的角度相同，往往更容易协调。所以，家委会应该承担起这个职责，协助学校管理好放学秩序，提高家长、学生的文明交通意识。本着让自己的工作能更好地为学校服务的原则，我勇敢地举手并表达了自己的想法。

对于我的想法，李校长非常赞同。他说："这位主任的考虑非常周全，她站的角度不仅仅是一个参与者，更是一个决策者。"其他班级的家委会主任更是对我的建议报以热烈的掌声，并纷纷举手支持。随后，李校长任命我为晏婴小学文明交通委员会主任，负责组织和协调学生上学放学值班的相关工作。

我明白，我肩上的担子重了，但是作为一名家长志愿者，这不正是我的职责所在吗？只有我们群策群力，心往一处想，劲往一处使，我们的学校才会稳健前行，我们的孩子才会得到更好的发展。

三、定期表彰先进，发挥榜样作用

家长志愿者是教师的同盟军，是学校的后备军，二者是协同关系而不是对立关系。每次的班级活动或者学校活动总会出现很多非正式志愿者，他们无私奉献、默默无闻，他们的行动是最好的证明。因此，学校要利用好家长资源，发挥家长的榜样作用。

【案例】我是班级小助手

我是晏婴小学种子班孙天乐的妈妈。在学期初，我被班级选为家委会主任，我感到万分自豪，也感到身上沉甸甸的责任。我深深明白，我需要带领我们的家委会队伍为班级服务，为孩子们营造更加和谐的学习环境。

由于之前没有任何经验，焦虑一直困扰着我，直到在和班主任于老师的谈心中我才获得了一点启发。于老师告诉我，没有什么特别的任务，就是当老师需要家长帮助协调的时候做好配合工作就行。虽然这样，我仍想竭尽所能带领我们的队伍多为班级做贡献。

不久，机会来了。班级的语文老师付老师想为孩子们开设大讲堂，邀请我们临淄区教育界非常有文学底蕴的大咖为孩子们进行文学养成教育。大讲堂的开办涉及很多工作，我们家委会自然成为了中坚力量。为了能够更好更快地完成任务，让孩子们能够尽快地进行学习，我将家委会成员分为几个小组，有的负责组织协调，有的负责物资采购，有的负责现场布置。任务下分后，大家便忙活起来。我虽然没有被分到任何一个小组，但在活动组织的这几天电话总是响个不停。物品准备是否合适？准备多少数量？准备什么样式？采购如何报销……各种问题纷沓而至。我忙得团团转，经常是各个场地来回跑，汗流浃背。虽然忙碌，但当看到孩子们在大讲堂听着专家们的演讲且脸上洋溢出幸福的笑容时，感觉这一切的付出都是值得的。

作为家委会主任，做好跟学校的配合工作是必不可少的。学校一年召开两届运动会，每次老师都要忙得团团转。作为家委会主任，我主动申请带领部分家委会成员作为小助手来协助。我们有的照相，有的组织学生参赛，有的管理学生观众。酷日下，经常忙得满头大汗，但我们依然忙里偷闲，为孩子们的精彩表现呐喊助威。

一年的家委会工作，有苦累，也有甘甜。在欣喜于学生的快速成长之时，我的工作也得到了学校和家长们的高度认可。在年末表彰中，我第一次登上了学校表彰大会的领奖台。当晏婴小学优秀家长、晏婴小学优秀家委会成员等多项荣誉称号落在我身上时，我很激动，也很骄傲。

作为家长，为学校做贡献本是分内的事，在这个过程中，我们变成了一个共同体，一个相互依赖、共同成长的共同体。相信在学校和家长的共同努力下，孩子们的成长必定越来越快、越来越好。

家长志愿者是一支庞大的队伍、高效的队伍、无私奉献的队伍，是学校工作的坚定拥护者。通过学校定期的表彰，将家校共同体变得更加牢固，学校的发展得到了强大的助力。

第四章

学生：基于规则自主发展的自治共同体

第一节　始于自主

"自主管理"是学生自己主动采取的用来控制和协调班集体、小组、个人以及各种环境因素的行为。

自主管理的直接动力来源于学生自主服务和行为自律的需要。真正的自主服务、自主管理是学生发自内心的行动，具有明确的目的性和计划性，因此，引导学生自主管理首先要强化学生自主管理的意识。第一，我们要对学生进行生活学习的独立性教育。利用在校的晨课、午课等时间，及时把班中出现的情况或发生的事情，和学生一同分析，引导他们学会辨别好坏。对做得好的学生给予表扬、奖励，对做了错事的学生提出要求、寄予希望，让学生深深体会到，老师是爱他们的。这样做有利于转化为学生的行为，收到良好的教育效果。第二，利用电话或微信与家长联系，使学生获得更多的培养独立性的机会，保证了学校、家庭、社会影响的一致性。第三，在班级管理工作中要充分发扬民主，让全体学生积极参与管理，千方百计调动学生的积极性和创造性，培养学生独立自主的精神，提高学生自主管理的能力，逐步完成由教师管理向学生管理的过渡。教师要真正扮演好引路人和协调者的角色，让学生真正能够做到学习自主、生活自主、发展自主。

智慧银行自主管理规则

学生是学校教育的主体，更是学校的主人。学生参与学校管理，既能体现现代学校制度建设的成果，更能体现学生的文明、健康、尊严和地位。学生参与学校管理，有利于其从自律走向自主，从自主走向自立，从自立走向自强，最终从自强走向自如，即能够灵活自如地适应社会的发展并推动个体和社会的不断发展。实现学生自主管理，需要学校为学生创设适合的环境、提供适合的保障，进一步建立健全相应的育人机制。

为了更好地"传承晏子智慧，培育美德少年"，把爱党爱国、文明守礼、诚信友善、热爱学习等优秀品质与学生成长有机融合在一起，学校创设了一座具备存储功能的虚拟"银行"——"智慧银行"。"智慧"是传承晏婴优秀品质，"银行"是储存学生表现，借用智慧币见证学生道德和习惯的成长。

晏婴小学依托"智慧银行"实施自主管理，让每一个学生都参与到日常的监督、实践、评价中，人人是评价的主体，人人受别人监督评价。学校实施"智慧银行"的基本目标是：借鉴商业银行的理念，引导学生养成良好行为规范和道德品质。"智慧银行"为学生自主管理提供了基本保障，它作为晏婴小学德育课程的一个组成部分，主要承担了四个方面的职能。

一、借助奖惩智慧币，实现规则育人

"智慧银行"遵循立德树人的方针，按照《中小学德育指南》《公民道德建设实施纲要》等文件要求，发行了品德币、智力币、健体币、审美币、创新币、生活币六大币种（统称"加分币"），对应了学生德、智、体、美、劳多个方面，联系了家庭、学校、社会生活多个维度，由教师、家长负责在日常学习生活中发放。

没有奖罚的教育不是完整的教育。智慧银行在实施过程中，定期对学生的文明行为、良好表现给予奖励，而对学生的不文明行为、违纪行为，除需要承担相应的责任外，还要在智慧银行中扣除加分币、智慧币。这一办法的实施，旨在让学生明确，通过自己的努力可以换来相应的奖励，但违反规则、触犯相应的规定则需要付出代价。这一举措，也把空洞、抽象的理论说教，变为了看得见、摸得着的具体物象，让遵守规则成为了一种自觉。

【链接1】晏婴小学三年级（2）班智慧币奖惩办法（节选）

为了更好地维护我们班级智慧银行的运行秩序，经过全班同学讨论，我们商量确定了《晏婴小学三年级（2）班智慧币奖惩办法》，请同学们了解并认真遵守。

评价人：班主任、同学、家长等

奖励办法：日常生活中能达到以下标准，经老师、同学、家长认定，可奖励品德加分币。

1. 尽职尽责干好自己的本职工作，维护班级、学校的集体荣誉，在日常生活中得到老师同学好评。

2. 路遇师长主动问好，目视师长鞠躬行礼。在学校遇到外来客人，主动问好，并为客人引路。

……

【链接2】晏婴小学三年级（2）班违纪处理办法（试行）

第一条：有下列行为之一的，属一般违纪，一经发现，由任课老师和班主任视其违纪情况，分别采取单独教育、班内点名批评、班内书面检查和班会检讨处理。本处理与智慧银行各项目积分相结合，根据违纪程度扣除相应积分或加分币，直至扣除智慧币。

1. 在课堂上不听从任课老师的教育，破坏课堂的正常秩序，影响了老师和同学们的学习。

2. 违犯学校的规章制度和日常要求，如上学不排队，在教学楼跑闹，踩踏草坪，乱扔垃圾，不讲文明，各种集会说话打闹等。

二、借助责任担当，实现实践育人

智慧银行是班级自主管理的载体。要发挥好学生的主体作用，把"银行"的评价功能和学生的表现结合起来，让学生成为班级的主人，人人参与班级管理，人人都有发言权、管理权，共同制定并遵守"班级公约"。

【链接】二年级（1）班 "加分币"奖励办法

老师和我们一起制定了获得加分币的方法：

1. 根据"我爱我班"岗位设置，每天主动完成任务；

2. 眼操、课间操、课外活动不说话、不打闹、认真完成；

3. 放学路队做到快、静、齐；

4. 在班内主动捡拾垃圾；

5. 课间不追逐打闹；

6. 桌洞物品摆放整齐；

7. 小组值日做得干净、到位。

以上种种凡是能按要求完成的，就获得一个加分币，六个加分币换得一个智慧币。

我们班设置了卫生区墙壁、教室栏杆、教室外墙壁、开窗、垃圾箱卫生及工具摆放等20个岗位，每个岗位由1~2人负责。这样，班级的每一扇门、每一扇窗、每一样物品都有负责的同学。例如，教室内光线暗淡或明亮时，有人及时开灯或关灯；课间黑板上有字，有人擦……然后每周一评比，公布每个人获得的加分币数量。

通过奖励机制，带动了全班人，人人有岗位，人人有责任，这样每个同学都积极承担自己的任务、履行自己的责任，保证了班级的正常秩序。

三、借助多维监督，实现家校共育

家校共育才能形成教育合力。"生活币"专门用于家庭，供家长使用，让家长根据孩子的日常表现予以奖惩。这样，家长可以参与到对学生的管理中，管理也有了评价依据。家长的参与，也提高了育人效果。

【案例】加分币治好了"游戏虫"

我儿子李一辰很调皮，特别爱玩游戏，每次给他规定玩半小时，到了时间喊多少次也很难从游戏里把他拖出来。看到他坐姿不正、说话无动于衷的样子，瞬间气不打一处来。时间长了，我开始幻想着孩子能够自我管理、自我约束，但又转念一想：怎么可能呢？

后来，我看到孩子带回来的加分币，在每次接孩子放学的路上，听孩子叽叽喳喳地告诉我每一张加分币的由来。时间一长，我就发现孩子对加分币特别重视。

后来，老师给了家长使用加分币的机会，这使我暗自窃喜，终于有了一把在家里约束孩子各种不良习惯的利器！孩子在家里渴望玩电脑，渴望睡懒觉，渴望吃饱了不刷碗……何不借加分币把孩子的不良习惯改一改呢？于是就跟孩子商量，怎么规定玩和学的时间，怎么规定自己的事情自己尽力做，如果做到了就奖励一枚加分币，做不到就扣除一枚，一个星期如果积攒了十枚，就可以奖励孩子一个玩具。当说出这样的计划来，孩子满心欢喜。每次吃完饭，抢着洗碗；玩电脑游戏时规定的结束时间到了，立马关上，然后看着我说："爸爸，我关的很快吧？"

因为加分币，孩子的变化还有很多很多，作为家长的我们深刻地知道，孩子养成一个好的学习习惯，有一个标准的行为规范，将会多么重要地影响他们的未来。

四、借助定期评价，实现文化育人

晏婴小学智慧银行的评价实施，通过班级周总结、级部月表彰、小书迷博览会交流等制度，把学生自主管理与日常学习生活密切关联起来，持之以恒，让学生认识到智慧银行和智慧币对个人成长的重要作用。"比学习，比努力，比比手里的智慧币！"成为了师生家长共同的价值追求，也形成了以智慧银行为引领促进学生自主发展的文化氛围。

【案例】我喜欢"小书迷博览会"

我们学校要利用同学们手中的智慧币举办一个"小书迷博览会"，让同学们当"老板"，将自己的东西换成智慧币，或用手中的智慧币来购买自己喜欢的东西。

听到这个消息，我高兴极了！因为我没想到智慧币竟然这么重要！

回到家，我立马扔下书包，开始准备东西。妈妈见我东翻翻、西找找，还以为我丢了东西。我把事情的经过告诉了妈妈，妈妈说："这样啊，那我们一起找吧！"经过半个小时的"寻宝"，我终于确定了我要卖的东西：一个风铃，一盒拼图，一本涂色书，一个青蛙造型的琉璃，一条手链。现在，就只差等到明天了。

第二天下午，我迫不及待地来到教室，拿好我的智慧币和准备好的东西来到了操场。我们是按小组划分的，每个小组的物品摆在一起。

活动开始了！没一会，就有一个四年级的学生拿十枚智慧币买走了我的风铃。又过了五分钟，有个同学花六枚智慧币买走了我的青蛙琉璃。我心中暗暗窃喜："哈哈！我的生意不错么！"半个多小时后，我的东西只剩下一盒拼图了，所以，我决定去逛逛！

我看中了一台小夜灯，它是由三个蘑菇组成的，中间一个还会变色，标价才三枚智慧币，真便宜啊，买了吧！逛了一大圈，我已经买了很多物品。我回到小组里，发现那盒拼图还没卖出去，我便拿着它去别的地方卖。路上我问了很多同学，但却没人买，我大声地喊着："三枚智慧币一盒拼图，快来买呀！"可就是没人买，我失落极了。这时，一个小妹妹走过来买下了这盒拼图，我的心情顿时又好了起来！

通过这次活动，我体会到了当"老板"的难处，更认识到了智慧币的重要性。以后我要好好表现，争取获得更多智慧币，来证明自己的能力。

班级小主人运行规则

"文武并用，垂拱而治。何必劳神苦思，代百司之职役哉？"唐朝魏征在《谏太宗十思疏》中定义成功君王的这句话，对班主任也很有借鉴意义。一个忙碌的"班头"未必是一个成熟的班级管理者，在班级管理中，班主任要以学生为本，根据学生的生理和心理特点，让学生成为班级真正的小主人，班主任由全方位的管理者向顾问、助手、参与者转变。

班级是每个学生在校生活的"家"，是学生实现成长和社会化的重要基础。"把班级还给学生，让班级充满成长气息"，让学生成为班级的小主人，特别是在丰富多彩的班级活动中充分发挥学生主体作用，才会使他们的身心得到锻炼、个性得到展现。班级又是一个学校组织中较完善的组织机构，是实施教育教学的基本单位和主阵地。班级建设的成效，影响着学校全面工作的开展和校风的形成，影响着学校的全面发展。在班级运行过程中，学生和教师要根据一定的目的要求，采用一定的手段措施，对班级中的各种资源进行计划、组织、协调、控制，才能实现预期的教育目标，达到锻炼和培养人的目的。

晏婴小学的班级管理体现了学生的自主管理，当然，这种自主管理是基于规则、立于自治而自主发展的。每个少先中队乃至少先大队中的每一个队员，都能在中队辅导员和大队辅导员的指导下，参与日常行为各方面的监督、实践、管理，每位同学都能作为班级和学校的小主人，积极为班级和学校的发展献计献策，贡献自己的一份力量。

一、各司其职，人人积极参与班级管理

无论多么调皮多么懒惰的孩子，他的内心都是积极向上的，都有着自我实现的心理需求，相信每一个孩子，也引导他们相信自己，自信是他们成长的源泉。学校倡导把班级还给学生，激发学生的管理热情，让学生成为班级管理的主人。通过尝试，你会发现，一旦给予学生机会，孩子们喜欢自己管理自己，并且管理的很积极很规范，由此享受到成功的快乐，更能激发他们的管理热情。

《晏婴小学班主任岗位职责》明确提出：建设良好的班集体，指导班委会、少先队的工作，发挥班队干部的模范作用，培养学生自我管理

和自我教育的能力，把班级建设成团结友爱、奋发向上的班集体，是班主任的主要责任之一。

班主任注重充分发挥学生的主人翁意识。首先，通过教师考察和民主选举的方式，推选一批品学兼优、组织能力强的学生担任班干部。其次，对班干部加强培养和管理，努力培养他们的工作作风和工作能力。第三，实行班干部轮换制，人人参与班级管理、体验管理过程。

【案例】我是班级小干部（节选）

一年级第一学期开学以后，我们都想在班里当小班长，老师却不急于安排。他说要仔细观察每个孩子各方面的表现，让每个孩子都有机会当小班长。谁在班中思维活跃，自觉守纪，成绩优秀，胆子大，又好表现，老师首先选谁。

经过一段时间的了解，老师让我们积极报名，并在班里举行了民主选举，让大家从两方面去选择班干部：一是选择品德好且敢于管事，肯干事，吃点亏不要紧的同学；二是选择成绩好且自觉守纪，有一定能力的同学。选出来以后，老师还根据我们的性格、特长以及能力等进行任职分工，产生了正式班干部，并明确了干部职责。分别是：

班长：负责班级全面工作。每月召开一次班委会，拟订工作计划草案，做好班委会会议记录。

副班长：协助班长做好工作，做好课堂考勤工作。

学习委员：负责师生之间的信息沟通，向有关部门反映学生对教学的意见，组织班级学生开展各类学习活动和基本技能训练。

生活委员：负责学生的后勤工作，协助班主任处理班级生活事务，发生状况主动与相关老师联系。

劳动委员：负责班级职责区群众劳动的安排及监察，并及时反馈信息。

体育委员：负责开展经常性的体育活动及组织参加各种体育比赛，组建并管理体育队伍。

文娱委员：负责开展班级的文艺活动，丰富课余生活（文娱委员每学期务必组织一次班级文艺活动）。

宣传委员：做好班级活动及黑板报的宣传工作，并及时宣传时事信息。

经过老师的指导，我们的小干部终于上岗了。当然，我们还需要老师好好指导和培养，才能在今后的工作中承担起责任呢！

二、三位一体，学生、教师、家长携手共创美好家园

环境造就人。班级文化建设对学生的影响和熏陶是潜移默化的，对学生的成长起着重要的作用。班级文化贯穿于班级教室等各个场合和学生的言语行动之中，是班级的一种风尚、一种文化传统、一种行为方式，它自觉或不自觉地通过一定的形式融汇于班级同学的学习、生活等各个方面，潜移默化地影响着学生的行为。班级作为学校的基层单位，班级文化建设是学校文化建设的基础，搞好班级文化建设，对于营造良好的学习成才环境、促进学生的身心健康发展具有极其重要的作用。

学校赋予学生各种各样的权利，大到班级命名权、班级公约制定权、教室文化设计制作权、学生自主管理权等，小到学生自主选课权、作品展示权、开放式书吧管理权、学生自我评价权、对校长的建议权等。以教室文化设计制作权为例，学校赋予学生教室文化设计制作权，从而引发每间教室成为同学之间相互比设计、比创意、比环保的展示场。

在班级文化建设中，班主任悉心指导，学生积极出谋划策，家长积极参与，教室的方方面面、角角落落都成了展示学生风采、督促学生奋进的"阵地"。晏婴小学43个班级的班徽、班牌、班级公约都是由学生来设计制作的。教室中摆放的引人注目、创意独特的小盆栽，是学生

利用废弃的饮料瓶、塑料桶、旧玩具等环保材料设计、制作而成的，教室由枯燥单调转变为个性张扬、创意无限。晏婴小学的教室不仅是学生上课的地方，还是张扬学生个性的"展示场"，教室成为学生记忆中有创意、有温度、有留恋的地方。通过三方联手的班级文化建设活动，启迪了学生思想，升华了学生人格，陶冶了学生情操，弘扬了学生道德，使文明守纪、勤奋读书、乐于助人蔚然成风。

【案例】建温馨家园　炫团队风采（节选）

……

经过和学生、家长商议，我们的班级文化建设准备采取以下具体措施：

一、环境布置

积极营造浓厚的班级文化氛围，发挥环境育人的熏陶作用。做到让"四壁说话"，让"每一堵墙"成为"无声的导师"。

1. 班级展示牌

我们的班级特色名称、班级全家福照片、我们的口号。

2. 班级环境布置

前有国旗班风，后有主题鲜明、色彩丰富的黑板报，在班务栏、图书柜等版块的基础上，根据自己班级特色设置其他专栏（栏目可以自定），以体现班级的个性化布置和班级特色。每个版块由班主任和学生共同构思、设计、布置，体现"实用美观"，突显文化氛围和育人作用，力求生动活泼、符合小学生的特点。

……

四、班级活动文化

我们准备把同学们参加文艺汇演、舞蹈、球类棋类比赛等文娱体育活动的照片，以及参加社区的阳光体育运动、社会实践、志愿服务等活动的照片，都展示出来。当然，同学们参加各种兴趣小组、各种社团、比赛的照片，也可以安排。

三、传承智慧文化，创设良好班风学风

学校要做好古代文明与现代文明的传承，把古人的智慧与思想同学校的现代办学思想与理念以及小学阶段的主要任务结合起来。我校坐落在齐国故地，且以晏婴命名，晏婴又是一个智慧的化身，因此"智慧教育"是我们追求的方向。晏婴小学时刻恪守以学生为中心，在日常教育教学管理中倡导教师智慧育人，学生智慧成长，家长智慧协助，共同朝向"立德树人"的育人总目标，共同促进学生的健康全面成长。

【案例】丁老师的"妙方"

一天，丁老师同往常一样来给我们上课。来到教室门口，她停了下来，直到学生们全都安静下来才走进了教室。此时，她发现大家的视线全部集中在自己身上，都在等着老师说话。

丁老师顿了顿，说："你们知道为什么老师每一次要在门口站一会儿才走进来吗？"同学们纷纷猜测，有的说："老师累了，要休息一会儿。"有的说："老师想让我们多玩一会儿。"大家的回答让老师哭笑不得。过了一会儿，班长站起来了，说："因为我们太吵了，老师生气呀！""同学们，大家乱哄哄的样子，会破坏我们班的形象，我们也就不能得到文明班级那面奖牌了，为这事，老师没少发火，你们也没少受批评啊！试试看，老师相信你们能把这个小小的缺点改掉。"

老师的话引起了同学们的思考。大家纷纷举手发言，说自己的想法

及改进的办法。后来，李宇涵的办法得到了大家的拥护——课前背古诗，等候老师来。

从那以后，上课铃声一响，大家便能安静地坐好等候老师，学习委员会带领大家背古诗。偶尔有些同学调皮捣蛋，立刻会有人提醒，批评他不该给班级抹黑。特别是做眼操时，一听到音乐响起，不管老师在不在，学生们就自觉地开始做了。

四、强化日常行为，规范学生养成好习惯

良好的习惯是人一生的财富。一个人能否养成良好的行为习惯和高尚的思想品德，关键在于小学阶段的教育和管理。学生良好的品行不是一朝一夕形成的，而是通过每一件事、每一项活动、每一节课的长期熏陶才能形成。

晏婴小学着重以《小学生日常行为规范》来严格要求学生，使学生懂得规范的重要意义。在对学生进行行为规范养成教育时，除了"晓之以理，动之以情，导之以行"，学校还建设了智慧银行，关注学生德智体美劳各方面的发展，从而使学生逐渐养成良好的行为习惯。

【案例】从"反正没有我"到"一定有我"

王若冰同学是我们班里的一个大男孩，高高瘦瘦的，非常酷。他很聪明，朗读不错，学习也优秀，但他自我约束力比较差，在纪律方面经常受到老师和组长的批评，久而久之，他就认为自己是个差孩子、坏孩子。每当周一发上周的加分币时，他就在那里自言自语："反正没有我。"于是上课变本加厉地说话，做小动作。为了帮他树立自信，端正学习态度，我打算利用智慧币来帮助他树立自信。

我私下找他，让他承包班里的窗户开关工作，并许诺若工作称职的

话，一周奖励三枚加分币，他欢呼雀跃地答应了。我在班里暗暗观察他，一发现他的进步就大张旗鼓地表扬他，说他这一段时间进步非常大，是我们班非常热爱班集体的孩子，让他向全班同学郑重承诺并请全班同学监督。结果，一周结束，尽职尽责的他如愿领到了加分币。当他接过加分币时，眼角流露出了骄傲与自豪……那一刻，我一下子觉得他变得非常优秀，他一点也不比别人差。

后来，他在各个方面的进步越来越大，现在是名副其实的优秀学生了。每当周一发加分币时，他总是端坐在那里，自信地看着别人，那眼神仿佛在说："一定有我！"当然，他的进步也获得了大家的认可，成为了大家的骄傲。

校本课程选课规则

新学年开学第一天，晏婴小学的操场上总是一番熙熙攘攘的"集市"场面。教师作为"卖方"，极力向学生推荐自己的课程，而作为"买方"的学生，一旦选中了自己喜欢的课程，还要经过"卖方"的面试，从兴趣、学识等方面看是否符合本课程。"买卖双方"达成协议后，办理选课登记手续。这就是我们晏婴小学的"快乐星期三"校本课程集市选课活动。

校本课程是学校课程建设的一部分，学校开设了 3D 打印、机器人、动漫等科技类课程和五音戏、齐文化剪纸、齐国历史剧等极具本地特色的乡土课程。校本课程集市选课，就是让所有参与校本课程开设的教师将自己的课程特点、课程设计、课程条件等用展板或者是多媒体向全校学生进行展示，教师现场展示自己的优势，学生按照自己的兴趣爱好挑选喜欢的校本课程进行报名，学生可以报名三项，学校实行双向选择，对不合适的进行调剂。学校制定校本课程开发的规则和规范，有力推进了学校课程建设的整体工作。

一、科学规划校本课程

晏婴小学结合新课程改革的要求，从学校的实际状况和学生的实际需要出发，开设特色课程，培养智慧学生，促进学生全面发展，以适应社会发展对人才的客观要求。为开设好校本课程，学校在每学期开学前先完善补充校本课程实施方案，一旦方案确定，所有实施主体都要按照学校的方案执行。

【链接】宴婴小学校本课程实施方案

一、课程审议人员：学生代表、家长代表、任课教师代表。

二、学校总负责，实施教师介绍方案设计，审议人员听取并审议。

三、方案基本设计

1. 思想引领

晏婴小学建校以来，受古代齐国泱泱大风与现代国际开放之风的熏染，浸润了优秀传统文化和现代科学精神，以为每一名学生"播下兴趣种子，收获智慧人生"为办学宗旨，着眼于让学生追求高质量生活和完美人生，从学生发展核心素养出发，让每个学生在学校生活中健康、快乐地获得成就人生的奠基石：必备品格和关键能力。学校基于学生发展核心素养，构建了合理而系统的校本课程，研究探索了适合学校、学生、教师的课程方案。

2. 实施目标

晏婴的品质和才能恰恰指向了核心素养的两大元素：必备品格和关键能力。晏婴是一位富有创新精神的实干家，他的品质和才能总结来说有能言善辩、智慧超群、爱国爱民、生性乐观、节俭淳朴、重视礼教、仁道从政。结合中国学生发展核心素养的三个方面、六大素养和十八个基本要点，智慧超群、能言善辩契合了乐学善学、勤于反思的时代要求，晏婴明确提出的"智而善问，慧而善思"很好地阐述了这层含义，而能言善辩又渗透了批判质疑和理性思维的科学精神。晏婴的爱国爱民、仁道从政体现了国家认同和社会责任、担当，生性乐观、节俭淳朴、重视礼教反映了自我管理和健全人格。总而言之，从发展的视角看，晏婴是极为符合现代社会要求的优秀人才。晏子曾言："为者常成，行者常至。""齐"就是"为"、"行"的另一种表述，是了解、尊重、立志、追求的全过程，是成为贤者的不断发展和提升自我的经历，直至成为晏婴式的栋梁之材，最终做到见贤思齐，善思善辩，立德立行。

3. 实施内容：从学生的兴趣出发，以学校为基地，充分利用我校的教育资源，努力挖掘本地教育资源，开发出多样性的、可供学生选择的课程，设置符合学生兴趣、需求、促进学生发展的课程。

（1）科技类：3D打印、七巧板、积木、创意制作等；

（2）艺术类：艺术线描、沙画、舞蹈、器乐等；

（3）体育类：篮球、足球、乒乓球、健美操、毽子等；

（4）传统文化类：国学、毛笔字、茶艺等；

（5）其他类：情景英语、礼仪教育等。

4. 课程实施：学校课程委员会对校本课程进行综合评估，按照"确定课程——公布选课时间——组织学生进行选课——师生实施——学校评价"的顺序进行。

二、提高学生能力和思维是校本课程实施的关键

挖掘和利用校本课程资源，在学习中培养学生的兴趣和特长，是我们面对的重要课题。通过实践我们认识到，在培养学生创新思维能力的过程中，务必充分发挥学生在学习活动中的主体地位和作用，依托学生的兴趣、爱好和主动进取的良好学风来培养他们的创新意识。在培养学

生创新意识的过程中，着重点是学生创新思维能力的培养。崔爱霞老师开设的"影像写作课程"，就是通过让学生用影像的形式记录下事物的经过，根据影像记录再经过自己的观察、思维、总结进行写作，对学生整体能力的培养起到了很好的促进作用。

【案例】适合学生的才最好

我是四年级的一名学生，写文章本应是"我手写我心"、抒发真情实感，可我以前害怕甚至反感写作，写的作文没有感动的真情，也没有发现的眼光，有的只是瞎编乱造、空洞无物。为此我的父母也很发愁，给我买了很多作文书籍，但是作用甚微。自从参加了崔爱霞老师的"影像写作课程"，我亲自参与整个活动的设计、实施，有了自己的真实感受，从此再也不害怕写作文了。

崔老师的课堂设计基本上分为三个环节，我以人物写作为例向大家介绍。

第一环节为文本启航环节。以我们学过的课文片段为引子，让我们先找找比较好的词语和句子，比如动作、神态、心理等细节描写部分，看看大作家是如何来刻画人物的。

第二环节为影像转换环节。以刚刚学过的片段为对象，让我们从片段中捕捉人物的动作、情态等细节，让我们细致观察思考，并尝试用合适的词语进行表达。同学们展示完后，崔老师还分享了自己的描述。这一环节就是将影像转化为文字，需要同学们仔细观察人物情态，动用积累的词汇围绕人物心理进行细致刻画，这也是第一环节的推进和深入。

第三环节是创意写作。崔老师特别将我班同学梁杜在运动会比赛时的两张跳远照片进行展示，让同学们描绘他的动作、神态，并写出自己作为观众的心理变化过程。这一环节并不是单纯的看图写作，因为我们本身就是运动会的参与者和亲历者，不仅是观众，还是为班级同学呐喊、心情紧随着比赛起伏的啦啦队员。同学们越有深切的体会，就越能准确生动地表达。

三、尊重学生兴趣是选课的首要规则

兴趣爱好是最好的老师，无论干什么事情只要有了兴趣，就会千方百计想办法将其干好。一个人只要对某一事物有了浓厚的兴趣，再苦再累也会欣然接受。相反，如果一个人对某事情没有什么兴趣，干事就提不起精神，没有兴趣即使天赋再好，也难将事情干好。所以，晏婴小学把"播下兴趣种子，培养智慧学生"作为选课恪守的基本原则，提醒学生在选择校本课程时，要根据自己的爱好、兴趣特长以及学习进度选择适合自己的课程，要体现自主性。通过对符合兴趣的校本课程的学习，一大批有个性特长的学生脱颖而出。

【案例】篮球精灵课程之篮球战术单元学习设计

阶段一：明确预期学习结果	
课程标准 了解所学项目的简单技战术知识和竞赛规则。观看体育比赛。发展技战术能力。	学习迁移
	学生能自主地将所学运用到： 1. 战术基础配合是战术运用的基础和保障。 2. 知己知彼是球场大智慧！（主动分析对手特点，应对对方所实施战术，寻找破解的方法。理解队友的战术意图，清晰表达自己的战术意图，提高合作默契。） 3. 比赛是攻与守的不断转换，攻守转换间最重要的是战术配合的转换。

（续表）

阶段一：明确预期学习结果		
课程标准 了解所学项目的简单技战术知识和竞赛规则。观看体育比赛。发展技战术能力。	理解意义	
	深入持久理解 学生将会理解…… 　　任何一种整体战术配合都离不开基础配合。熟练掌握战术基础配合更有利于表达自己或理解队友的战术意图，这与本队比赛的胜负有着密切的关系。 　　将战术画出来、摆出来、讲出来、实施贯彻下去，更有利于在比赛中理解和运用。	核心问题 学生将不断地思考…… 　　1. 什么战术能更好地发挥本方队员的技术与特长，制约对方，掌握比赛的主动权？ 　　2. 怎样才能让队友更快地理解自己的战术意图？ 　　3. 如何才能在赛场上将安排好的战术灵活运用？
	掌握知能	
	学生该掌握的知识是…… 　　1. 了解篮球战术体系结构。 　　2. 熟悉战术基础配合的方法（传切、掩护、策应、突分、夹击等）。 　　3. 知道战术基础配合的练习方法。 　　4. 熟悉快攻和防守快攻战术。熟悉常见阵地进攻、阵地防守战术。（半场盯人防守、1—2—1—1 全场紧逼防守、常见区域联防战术，及对应的进攻队形和方法。）	学生应形成的技能是…… 　　1. 能够画出、摆出、讲出战术基础配合及其练习方法。 　　2. 能够与队友合作做出所学的战术基础配合。 　　3. 能够在比赛中全队合作完成所学阵地防守和阵地进攻及快攻和防守快攻。

　　学生李宏轩是四年级学生，爱好打篮球。从一年级开始，在每年的校本课程选择中坚定地选择篮球课程。在学校和家长的支持下，他训练积极主动，不怕吃苦受累，三年级就担任了篮球队主力，四年级担任了篮球队队长，他的理想是成为国家级篮球队队员。

第二节　立于共治

红领巾理事会运行规则

共治规则是指学校制定和实施任何制度的多元化规则，主要包括管理主体的多元化、管理方式的多元化、管理客体的多元化和管理结构的多元化。在共治规则中对于学生层面的介入，主要实现的就是开放地、有序地体现学生主人翁地位，鼓励、支持并倡导学生管理学校、管理班级、管理自我。

为了健全和完善少先队组织的领导体制，发扬少先队员的主人翁精神，促进少先队组织的自我建设、自我发展，晏婴小学建立红领巾理事会。红领巾理事会是学校少先队自主管理的组织，以学校所有队员为主体，队员们通过组织来实现对自己的领导和对自己的管理。

一、红领巾理事会体现学生主人翁地位

为了让学生真正地发挥自己的主动性，促成学生和教师共同管理、共同成长的目标，晏婴小学各项制度的确立、实施、监督、评价等都给予了学生充分的尊重，成立了"红领巾理事会"、"大队委监

督岗"等学校管理组织，实现了共同发现问题、分析问题和解决问题。这些组织的成立，为学生提供了很好地发挥自己主人翁地位的平台，实现了从学生的视角管理自己生活环境的目标，让学校的管理更有利于学生的发展，有利于学生积极地从被管理者转化为管理者，主动地遵守和实践各种制度。由此，民主、平等和共治的观念也深深植入学生的脑海，在整个管理过程中，学生的思维、口才、集体观念等都得到提升。

【案例】我们最有发言权

2014 年，我校开始进行课程改革之初，为了调研现行课程的优势与弊端，校长室与全校五个级部的 20 名学生代表在接待室进行了座谈，当校长将所有问题与在座的学生交流之后，马上就要结束座谈了，这时，四年级的方丽卓同学站起来问："孙校长，您刚才问了很多问题，我们作了回答，我也有问题想要问您，可以吗？"孙校长微笑着点头："当然可以。"方丽卓说："设什么样的课程谁说了算？"孙校长笑了："你们认为呢？"同学们互相看看，然后回答："我们认为主要是看我们，我们说了才算。"孙校长点点头，说："你们说得很对，不光是课程，学校的一切事务都是以你们为中心，你们才是最有发言权的人。"

"我们最有发言权！"这句话让我们好感动，也成为了全校同学的一句流行语。

座谈之后，孙校长还召开了学校领导班子会议，研究如何让更多的不同层次的人员尤其是学生参与学校管理的问题，最后研究决定成立红领巾理事会，并商讨了理事会成立的有关事项：

第一步：面向全体学生、教师以及家长公开招募成员。

第二步：明确理事会各理事的职责。

第三步：共同制定理事会章程。

后来，孙校长面向全校教师、学生和家长发布了招募通知——

各位同学、教师、家长以及社会各界人士：

大家好！为了完善晏婴小学的管理机制，促进全面治校，科学管理，合理办学，经学校校长室、办公室及教务处、德育处研究，决定成立学校的管理机构——红领巾理事会。理事会主要由学生、家长、教师以及社会人士组成，现面向各界招募管理人才，如果您对教育事业充满热情，如果您对学校发展非常关心，如果您有责任心和自信心，您就赶紧加入到红领巾理事会来吧，我们张开双臂欢迎您！学校大事，你们说了算！

提供以下岗位供您参考：

理事长三名（学生、教师、家长各一名）

副理事长六名（学生、教师、家长各两名）

理事十二名（学生十名，家长、教师各一名）

……

这样的招募通知，激发了学生的学校主人翁意识，激发了学生对学校管理的兴趣和动力，学生感觉真的成了学校的管理者，也真正地感受到学校是他们成长的、生活的阵地和乐园，他们积极地准备一切，想要加入到理事会中，为学校的发展和建设出一份力。

二、红领巾理事会为学生共治搭建平台

学校是学生成长的舞台，教师、家长都是学生成长的助力者。学校只有携手家长、教师，为学生搭建起成长的平台，建立起服务于学生发展的成长机制，才会实现促进学生发展的目标。反之，学校管理、班级管理缺少学生发言的机会，培养出的学生就缺少主见，不能主动适应社会、生活的需要。

【案例】我也想做理事

2015年开学，理事会将按照规程对学校各项工作进行学期审议，在理事会工作例会开始的前一天，一个小女孩敲响了理事会部署会议的门。

小女孩在各位学校领导以及理事长的注视下走进会议室，说："我也想做理事会理事，参加明天的会议。"教师理事长唐梦寒笑了："可以，但是你要说说你想参加的理由。"小女孩说："我是三年级二班的贾明玉，我很想参加理事会会议的原因是，我想对学校图书馆的管理提出我的看法和建议。我已经通过理事会邮箱向理事会提出了我的问题，但是，我还是想听取一下学校的方案以及本学期的改变，进一步说说我的看法。"她不卑不亢的态度和落落大方的发言让在场的每一个人都很佩服，一致同意她参加第二天的会议。

在第二天的审核会议上，当教务处姜主任汇报完书香校园学期建设工作之后，小女孩有条不紊地说出了自己的整改意见，她说平时学校图书馆的借阅规则和步骤非常浪费学生们的时间，也限制了借阅的人次，应该在学校设置开放式的无人管理借阅书吧，同学们在早上中午到校、课间休息或者课外活动时间都能够随意地阅览自己喜欢的书籍，这样将极大地提高学生的阅读兴趣和阅读量。在小女孩的启发下，大家又群策群力、各抒己见，最后决定在学校成立开放式走廊书吧，将图书馆的书籍移到教学楼的走廊、门厅以及楼梯口，让学生随时随地地阅读和借阅。

理事会理事的产生并不是一成不变的，而是随时有人愿意加入理事会，经过考核和相应的面试就可以加入其中，对学校各项工作进行审议和讨论。正是这样开放的加入形式和运行机制，让学校的所有人都成为了学校的主人和管理者。他们是自己的主人，他们是管理自己的管理者，他们站在学校发展和个人发展的角度对学校的工作进行审视和修正，使学校的管理工作核心屹立不动、不偏不倚。

三、红领巾理事会积极参与学校制度的制定、维护和监督

通过红领巾理事会章程的制定，确定了理事会工作的主要职责，同时在制定的过程中也让成员们进行了一系列研究和探讨。正是学生与教师们在一起的讨论，提升了学生的民主意识，进一步加强了学生的主人翁意识，也逐渐提升了学生的大局意识和思维能力。在整个过程中，学生不仅是制度的执行者，而且是制度的制定者和监督者，他们站在了自觉维护制度的高度上，成为制度的守护神，从而更加有利于学生的自觉执行。也正是在研究、讨论中，教师的站位发生了质的变化，他们成了学校利益的共同守护者。

【案例】晏婴小学课程体系构建讨论会

2014 年课程改革伊始，我校进行了晏婴小学课程体系的构建，初步确定了我校个性定制化课程体系，为了确保课程体系的可操作性、实用性、高效性，经过学校办公室、德育处、教务处等共同协商，召开了首次红领巾理事会会议，对学校课程体系的构建进行协商和讨论。

本次会议由课程中心发起，确定商讨主题为：如何使课程体系更加具有吸引力？由红领巾理事会理事长主持，参加人员为来自不同层面的理事，包括家长 5 名、学生 10 名、教师 5 名。在本次会议中，学生代表小潘同学提出了课程的趣味性原则，他说："在过去的课堂上，音乐、体育、美术、科学之所以受同学们欢迎，是因为这些课程有活动、有任务、有趣味，所以，其他课程也应该有这样的特点，让学生在自觉、主动的活动探究中寻求知识，而不是死板地坐在教室听听听、写写写。"同时，家长代表小谢理事也提出："现代社会对孩子的综合素质要求非常高，希望课程体系的构建能够以培养和提升学生的综合素质为

目标，课程更多地与生活实际相联系，让孩子在学校中学会学习、学会生活。"教师代表耿理事也提出："学校的课程体系必须以学生发展核心素养为核心，让各类课程的开展共同支撑起学生素养的提升，只有这样，课程才有意义……"

在各位理事的不断发言、讨论和协商中，初步拟定了晏婴小学课程体系的育人目标：立德立行，善思善辩。围绕着育人目标确立了三类课程：学科课程（语言阅读课程、科学技术课程、身心健康课程、艺术审美课程）、环境课程（隐性环境课程、显性环境课程）、生活课程（人与自我课程、人与自然课程、人与社会课程）。

在课程体系初步构建中，以及在课程实施与评价的过程中，晏婴小学红领巾理事会成员充分发挥了他们的主人翁意识，积极参与各项制度的制定和活动的实施。借助多元管理的优势，课程吸引了学生的学习兴趣，家长们大为满意，教师执行起来也如鱼得水，很好地促进了学生和学校的共同发展和成长。

少先队大队部运行规则

建立科学合理严密的学校秩序体系，让学校的一切工作有条不紊地推进，从秩序求效能，以秩序保平安，才能谋发展。对学校而言，秩序化管理的重要意义不言而喻。少先队大队部是学校少先队组织的最高领导机构，大队部负责制定大队工作计划，组织大队活动，主办大队的各种活动，讨论研究整个大队的工作，领导各中队的工作，其重要性不言而喻。

诺贝尔文学奖获得者莱蒙特曾说："世界上的一切都必须按照一定的规矩秩序各就各位。"大到国家，小到学校，都有自己的制度与纪律。过马路时，我们要遵守"红灯停，绿灯行，见了黄灯等一等"的规则；在乘车时，我们要遵守排队的规则；在公共场合，我们要遵守不大声喧哗、不随地吐痰等规则。作为学校里的一名学生，遵守学校的秩序同样是我们的责任和义务。

每位踏入晏婴小学的师生，都立志做晏婴那样贤达的人：像晏婴那样严于律己、勤于修身；像晏婴那样能言善辩、富有智慧；像晏婴那样敢于担当、爱民爱国。在学校里、班级中，每个少先队员的一举一动、一言一行，都不能随心所欲、自行其是，而要时时、处处考虑怎样做才能对学校、班级、同学有利。晏婴小学的少先队员作为具有道德意识的当代小学生，每个人不仅严格要求自己遵守秩序，同时，还积极对不守公共秩序的人和事进行劝解，人人争做遵守各项秩序的好学生。

一、放权给各位队员，让队员在班级管理中学会自我管理

少先队员是班集体的主人，也只有当队员们真正有了集体主人翁的意识时，他们的责任感和集体荣誉感才能激发出来，他们的工作积极性才能尽情地发挥。集体活动应是富于教育力和感染力的课堂，是培养优秀中队的重要途径，它可以使集体富有吸引力和凝聚力，而学生通过参加活动，可以从中受到教育、得到启发、得到激励，从而使集体荣誉感不断增强，有利于学生的自我教育和自我管理能力的培养。

晏婴小学倡导在一定范围内将权力交给学生，如在日常的班级管理中给学生一些机会，让他自己去体验；给学生一点困难，让他自己去解决；给学生一定权利，让他自己去选择；给学生一种条件，让他自己去锻炼；给学生一些问题，让他自己找答案；给学生一片空间，让他自己向前走。晏婴小学的中队辅导员把各位队员放在集体主人翁的地位上，在中队管理中设立了更多的工作岗位，尽可能多地吸引学生参与中队管理，让更多的学生有机会担任管理职务，让学生真正有归属感、责任感，他们的自我教育、自我约束和自我管理能力得到锻炼。参与中队管理的同学在实际工作中，随时接受教师和其他队员的监督。通过师生的努力，队员们自我管理已初见成效，各位队员自觉

遵守纪律，老师在与不在时，他们都能较好地组织、协调中队日常管理工作。队员们在这有序的管理中不但增长了才干，还提高了自我约束、自我教育和自我管理的能力。同时，在培养队员能力的过程中，教师变监护为引导，队员变被动为主动。队员在做人做事、求知提能等过程中学会自我控制，增强自我约束力，从而也提高了他们的自我教育和自我管理的能力。

【链接】晏婴小学飞扬中队组织机构建设（节选）

职务	姓名	干部职责
中队长	路淑雅	1. 对中队工作全面负责，指导各中队委成员开展工作。 2. 主持处理中队日常工作。及时传达学校及督导员对中队活动的要求，并组织队员将要求落到实处。 3. 主持召开中队会，布置、总结工作，认真听取队员对队干部工作的意见，以便改进工作、提高效率。 4. 负责考勤登记工作，组织全体队员参加学校、中队组织的集体活动。 5. 及时向辅导员反馈队员意见和队员情况。 6. 辅导员在校时，及时听取辅导员对班级管理的意见；辅导员不在校时，代行辅导员的责权。
副中队长	袁心一	具体职责同中队长一样，副中队长在中队长领导下协助做好分管的各项工作；中队长不在位时，代理其履行职责。
学习委员	刘政霖	1. 负责班级学习方面的管理工作，组织好全体队员的学习，抓好科代表的工作，督促和检查科代表收发作业情况，了解作业完成情况，定期召开科代表会，尽量解决队员们在学习上的困难。 2. 与任课教师经常联系，负责转达队员对教师教学上的意见及教师对队员的要求，切实起到教与学的桥梁作用。

（续表）

职务	姓名	干部职责
体育委员	刘润家 丁熙茹	1. 负责路队、课间操及体育课等一切集会的整队和纪律。 2. 配合教师上好体育课。 3. 负责联系和组织与本中队有关的各项体育比赛。 4. 组织全体队员积极参加学校组织的运动会。
纪律委员	谭欣卓	1. 维护自习课纪律。 2. 维护课间纪律，及时发现并制止课间大声喧哗或在走廊打闹的行为。
宣传委员	朱慧莹	负责中队宣传工作。积极宣传集体，为中队争光添彩。
文艺委员	武宇辰	1. 负责中队文娱活动，定期向中队委汇报工作，提出开展文娱活动的意见。 2. 组织队员积极参加学校、中队举办的各种文娱活动。
劳动委员	范玉卿	1. 负责安排和检查每天的教室清洁任务，监督并带头做好教室的清洁保持工作。 2. 组织全体队员参加学校组织的卫生大扫除。
生活委员	边靖茹 程钰涵	1. 关心队员生活，经常了解并向辅导员反映队员饮食起居等方面的情况、困难、建议和要求。 2. 关心队员身体健康，给予关心、支持、帮助。 3. 负责每天检查队员们的个人卫生，校服、红领巾、胸卡的穿戴。 4. 检查就餐秩序及餐具的摆放。

二、发挥少先队组织作用，督促学生维护秩序

晏婴小学特别重视少先队辅导员队伍建设，努力在品格修养、知识能力、教育教学上下功夫，塑造了一支凝聚力强、战斗力旺盛的队

伍。另外，还切实加强学校少先队组织建设，为了培养一支有活力的少先队组织，充分发挥少先队干部在学校与班集体建设中的重要作用，各班进行民主选举，通过层层选拔，成立新一届大队委，组建了一支有能力、责任心强、愿意为全体队员服务的小干部队伍。同时进一步巩固少先队大、中、小队建设，开展好队会、队日活动，积极发挥少先队在班集体建设及综合实践活动中的重要作用。积极倡导建设快乐的少先队集体，引导少先队员在少先队组织中勤奋学习、快乐生活、全面发展。充分发挥学校红领巾广播站的宣传教育作用，不断提高阵地建设的品位。

【案例】少先队大队长竞选演讲稿

各位领导、辅导员老师、队友们：

大家好！

我是四年级（2）班的王明鑫同学，这次有幸参加学校大队委员的竞选，我感到十分高兴。竞选大队委员是一种荣誉，更是一种责任，能够为全校同学服务一直是我的愿望。

我是个爱好广泛、勤于思考的男孩。我热爱班级、成绩优异，有较强的组织能力，同学们都很喜欢我。我不仅朋友多，兴趣爱好也很多，如国画、打乒乓球、看书等。我最喜欢看书了，因为我坚信：好书能伴我一生。

这次我竞选的职务是大队长。因为自三年级起，我就开始担任大队委员，多次被评为优秀大队委员，积累了一定的经验，我相信我能协助老师管理好学校，服务好同学，让学校更加和谐、美丽！

请大家相信我，我完全有能力胜任少先队大队长的职务。请记住，我是四年级（2）班的王明鑫，别忘了投我一票！

谢谢大家！

三、明确职责范围，创新活动考评体系，促进少先队常规管理高效运作

"创新是一个民族进步的灵魂，是一个国家兴旺发达的不竭动力。"作为新时代的学校少先队组织，担负着培养少年儿童的科学精神、创新精神和实践能力，促进少年儿童德智体美劳全面发展的重要任务。因此，针对少年儿童的特点，多层次、多渠道、多形式地设计一系列活动，让队员根据各自的兴趣、爱好和特长，充分发挥，放手进行活动，是培养他们创新能力的关键，更是为创新搭建一个施展才干的舞台。

少先队是校内最重要的学生组织，富有意义的少先队活动既能将少年儿童组织起来，充分发挥他们的积极性，又能突出少先队员在少先队组织中的主人翁地位。

【链接】晏婴小学少先队干部管理条例（节选）

第九条　中队委员会讨论、决定、开展全中队的工作和活动，领导和帮助小队开展工作，努力建设团结友爱的集体。具体职责分工如下。

1. 中队长

召开和主持中队委员会和各种中队会；根据大队的要求，讨论制定中队工作计划；召开小队长联席会，布置工作，交流经验，检查中队委员会决议的执行情况；帮助中队委员和小队长开展好工作；与其他中队沟通情况，交流活动信息，不断改进本中队工作。

2. 组织风纪部

负责本中队的组织发展和组织教育工作；组织学习队章，普及少先队基本知识；填写中队队员情况统计表；负责检查队员遵守学校纪

律情况，引导队员养成良好的文明礼仪；组织指导队员做好值周班值勤工作；负责在中队集会时出旗、退旗和执旗；领取并保管好中队旗。

3. 宣传信息部

负责办好本中队的学习园地或队角等宣传阵地；组织学生收听广播，收看红领巾电视节目；为大队广播、电视台、橱窗等推荐优秀稿件。

4. 文娱体育部

组织本中队的文艺、体育活动，领导学生积极参加体育锻炼，发动参加大队组织的各种文艺、体育竞赛活动；向学生推荐好的歌曲、舞蹈；负责借领、管理中队文艺用品和体育用品。

5. 生活服务部

负责组织和指导本中队队员进行自我服务等劳动实践，开展各种形式的生活自理能力竞赛；向生活指导老师和辅导员反映队员生活上的意见和要求；负责本中队的校内劳动实践及社会公益劳动的组织工作；组织中队的小种植、工艺制作活动；负责管理中队的卫生工作。

6. 探究学习部

负责本中队开展小课题研究，做好班级学习、科技和各种知识性活动的组织工作；组织学生帮助学习上有困难的队员，向老师和辅导员反映学习上的意见和要求；管理中队的图书，负责班级读书读报活动，做好好书推荐及报刊订阅工作。

7. 雏鹰争章部

负责本中队全面开展雏鹰争章活动，指导队员们自主开展相应的争章达标活动；组织中队争章达标活动的考查审核；开展港小明星娃申报认定工作。

班级课程审议实施规则

课程是实现育人目标的主要载体，也是学生健康快乐成长的"营养配餐"。晏婴小学在实施国家新课程和落实国家课程标准的前提下，根据自身性质、特点和条件，将国家层面上的规划和设计转变为适合本校学生需求的创造性实践，从而产生了晏婴小学班级课程。我校的班级课程是教师和学生共同研究的产物，教师引导启发，学生积极探索，家长选择参与，形成具有班级特色的"班本"课程。

晏婴小学结合中国学生发展核心素养，构建了一系列指向核心素养、学科核心素养的课程，实现了上下位一致的学生发展核心素养目标体系——晏婴小学个性班级课程体系。如，"慧读国文"课程旨在培养学生成为践行真善美的诗意阅读者和表达者，"视觉思维"课程旨在培养学生成为思维力强的审美表达者等，此类课程重点培养学生的思维品质，指向智而善问、慧而善思的核心素养的达成；"一体双翼"课程旨在培养学生成为拥有好品格、好思维、好本领的语言表达者，"微型社会"课程旨在培养学生成为生活能力强的理性社会公民等，此类课程重点培养学生的个性品质，指向知行合一、和而不同的核心素养的达成；"爱的旅行"课程旨在培养学生成为会感恩的实践者，"主题读写"课程旨在培养学生成为具有文化底蕴的语言表达者等，此类课程重点培养学生的爱心品质，指向爱人爱己、见贤思齐的核心素养的达成。

每一项班级课程的实施都须经过本班师生和家长的共同审议，确定适合本班学生的知识结构、心理特征和个性需求。另外，课程主题、学习内容、实施形式和评价办法等，也要受到学生的喜欢、获得家长的认可，对学生发展能够起到积极的推进作用。因此，课程实施前的审议环节就显得尤为重要。

一、依据学情，学生参与学习内容的选择与构建

班本课程的设计要符合年级学生的知识基础，每个年龄段的学生认知水平不同，对待事物的看法和研究能力不同，每项班本课程的设计就要考虑实施对象的年龄段。让学生参与班本课程主题内容的选取，充分吸取学生的意见，根据年龄段具有的知识基础来确定班本课程的主题内容，方式方法要契合学生的知识层次。只有这样，学生才能积极参与，乐意响应，学得愉快。

【案例】"种子"班本课程审议记录（节选）

一、课程审议人员：全体学生、家长代表、任课教师代表。

二、班本课程实施教师介绍课程设计，审议人员听取并审议。

三、课程基本设计

1. 课程目标：能发现并提出生活中的问题，并能进行方案设计及实施、数据收集及分析、得出结论，形成自己的观点并与他人进行交流，使自己成为一个善发现、勤实践、能分析的探究者。在教师的指导下，能参与一个探究活动，并按照给定的探究计划进行探究。

2. 课程内容：

第一学段：我与自然、我与社会、我与自己。一年级：四季色彩美、家乡民玩、大自然之植物……二年级：四季味道美、家乡游戏、大自然之动物……

第二学段：我与社会、我与自然、我与自己。三年级：四季节日美、家乡民俗、大自然之天气……四年级：四季节气美、家乡名人、大自然之天体……

第三学段：我与自己、我与自然、我与社会。五年级：四季游历

美、家乡未来、大自然之和谐……

低年级小学生只注意表面现象和个别特征，无意注意起重要作用，无意记忆占主要地位，以形象记忆和口头言语为主。处于前运算阶段（2—7岁）儿童的思维具有直观性，这时儿童对外界事物的观察都是同自身的生活联系在一起的，他们的思维是一种与自身活动联系在一起的具体化的思想过程。（课程内容应符合学生知识层次）

3.课程实施：学生头脑风暴，围绕水、太阳、恐龙、金字塔、木乃伊、动物、植物、衣服、火山等关注点。

4.课程评价：多元化评价，评价方式以过程性评价与终结性评价相结合，评价主体以学生、教师、家长相结合，评价平台以现实和虚拟相结合。

四、审议记录

1.教师自述：在这个过程中，我利用以中国学生发展核心素养、国家课程标准的校本化为依据提炼出的课程目标，以及学生的思维特点和关注点，确定了探究主题，说明我这个探究主题不是拍脑袋想出来的，而是有根有据的。

2.学生陈述：前期老师了解了我们的爱好，针对大家比较感兴趣的话题和我们进行了讨论，确定的这些内容很符合我们的"胃口"。相信在老师的引领下，我们能更好地学习到书本上没有的东西，增长自己的本领。

3.家长意见：听了老师的陈述讲解，我们觉得老师的设计很科学，依据也很准确，目标更是超出我们的想象。在内容设计上，符合学生兴趣，有利于调动起孩子们的学习积极性。我们非常赞同班里开设这门课程。

二、科学设计，培养学生的各项能力和兴趣

根据心理学有关理论，每个年龄段的孩子都有自己的心理特点。低年级学生的心理水平还停留在不随意性和具体形象阶段，心理活动的随

意性和目的性虽有所发展，但仍以不随意性为主，对活动的成功与失败不会放到心上，容易学会过去自己不懂的东西，提出的问题特别多，喜欢通过自身体验获得知识。高年级学生的注意力比较集中，是培养各种习惯的最佳时期，各种习惯从被动向主动转变，开始有自己的想法和见解，但是缺乏辨别是非的能力，所以需要教师的引导。

晏婴小学赋权予每一位学生积极参与学校管理和班级建设的权利，让学生参与学校管理和班级建设的积极性和创造性得到极大激发和释放，学生们的灵感和个性也得到了极大的张扬。学生的各项能力得到了锻炼和提升，为将来更好地融入社会、奉献社会打下了良好的基础。

晏婴小学班本课程主要提升学生的观察力和思维力，引导学生善于观察、勤于思考、善于总结。如李老师设计的"爱的教育"班本课程，就是根据四年级学生心理特点开设的，对学生进行"爱"的引导和教育，包括对亲人的爱、对动物的爱、对物体的爱。

【案例】"爱的教育"班本课程审议记录（节选）

一、课程审议人员为全体学生、家长代表、任课教师代表。

二、班本课程实施教师介绍课程设计，审议人员听取并审议。

三、课程基本设计

1. 课程目标：立足学生心理和情感发展需要，整合音乐、美术、语文、道德与法治等学科教学，精选以"爱与感恩"为主题的综合实践活动，借助音乐、舞蹈、绘画、雕塑、诗歌、散文等作品，引领学生在"综合探究、体验、交流、展示、听、赏、演、画、诵、写"等学习活动中，发展其对家人、对老师、对同学、对社会、对自然的美好感情，完善学生人格，培养乐于参与现代社会生活的有爱心、有责任心、有良好行为习惯的人（目标符合学生心理发展特点）。

2. 导向性问题：怎样才能成为一个懂得爱与感恩的人？

3. 单元内容："世上只有妈妈好""我的老师像妈妈""祖国啊，亲爱的母亲""爸爸，你是我的大树""我爱我的家"（课程内容符合四年级孩子心理特点)。

4. 课程实施方法：开展综合探究，分组寻找资源，活动成果展示，优秀作品欣赏，主题感悟总结。

5. 课程评价：小单元评价与终结性评价相结合。

四、教师陈述要点

四年级是小学生的中级学段。这个年龄的学生，已经具备了一定的自我管理能力，也基本能够分辨清楚是非善恶，虽然不如高年级有能力，但比低年级需要指导帮助的状况已经具备许多优势。所以，基于学生这个年龄特点，我们结合当前学生不懂感恩、不知回报的社会问题，开设这一门课程，希望帮助孩子们在人格养成方面有大的提升和进步。

三、立足发展，培养正确的价值观和人生观

培养什么人、怎样培养人、为谁培养人，是教育工作的出发点和落脚点，是教育改革与发展的核心问题。随着教育改革的不断深化，中小学生在掌握必备的科学知识之外，还需要通过各类活动来提高自身的综合素质以及实践能力。通过各类活动，可以增强中小学生的团队合作意识和独立自主能力，磨炼意志，丰富情感，树立理想信念，促进全面发展。

学校与家委会精选各种有价值、对学生有教育意义的活动，鼓励学生参与，通过互助、体验的方式，将具有民族特征和时代特征的价值追求融入社会实践活动，让学生的精神意志得到锻炼，让优秀的价值观念得到认同和巩固。而各班的班本课程立足于本班学生的成长需要和生活需要，也符合学生从感性认识到理性认识的发展规律。

晏婴小学开设的"生存教育"班本课程就是在认真分析学情的基础上开设的一门符合学生需要的班本课程，主要培养学生的生命意识、

健全人格和自我管理等素养，让学生在认识自我、发展身心、规划人生等方面有所提升，从而发展学生的生活生存能力。

【链接】"生存教育"班本课程设计（节选）

三、课程基本设计

1. 课程是学生核心素养达成的需要

健康生活是学生在认识自我、发展身心、规划人生等方面的综合表现，具体包括珍爱生命、健全人格、自我管理等基本要点。

珍爱生命的重点是：理解生命意义和人生价值；具有安全意识与自我保护能力；掌握适合自身的运动方法和技能；养成健康文明的行为习惯和生活方式等。

健全人格的重点是：具有积极的心理品质，自信自爱，坚韧乐观；有自制力，能调节和管理自己的情绪，具有抗挫折能力等。

自我管理的重点是：能正确认识与评估自我；依据自身个性和潜质选择适合的发展方向；合理分配和使用时间与精力；具有达成目标的持续行动力等。

2. 学情分析略。

3. 课程的构建目标

核心目标：培养生活能力和生存能力。

水平目标：学会使用地图、学会在野外辨别方向、能够照顾好自己、知道哪些是旅行的必备药物、学会选择营地、能够合作搭建帐篷、掌握擦伤和轻微骨折的包扎方法、掌握脚腕扭伤的应急处理方法。

第三节　成于共生

自然界中有这样一种现象：当孤零零的一株植物生长时，通常矮小孱弱，但是当把它跟其他植物放在一起种植时，就会慢慢根深叶茂、生机盎然。人们把这种相互影响、相互促进的现象称之为"共生效应"。"共生效应"启示我们，个体生命之间的相互依存和影响，会促进个体的积极健康成长。这种相互依存和影响并共同成长的群体，我们称为"共同体"，也称为"团队"。

人作为一种社会存在物，自从动物群体中走出来那一刻起，就过上了共同体的生活。人只有在共同体中才能生存和发展。"一个人可以走得很快，但一群人可以走得更远。"学校是通过集体活动育人的场所，让每一个学生找到适合其共存的团队，并努力创设合作式的真实情境，让更多的人相互协作、相互参与、共同进步、共同提升，这是优质均衡教育追求的至高境界。

再放眼全球。当今世界正处在大发展大变革大调整时期，和平与发展仍然是时代主题，同时也存在诸多不稳定因素。"国家和，则世界安；国家斗，则世界乱。"习近平总书记科学把握当今世界发展的总趋势，深刻揭示当今国际关系发展的特征和规律，顺应和平、发展、合作、共赢的时代潮流，高瞻远瞩地提出构建"人类命运共同体"的重要思想。这个理念符合世界各国人民的共同利益、整体利益和长远利益，蕴含着传承千年的中国智慧，指明了人类文明的前进方向。大道行思，取则行远。2017 年 2 月 10 日，构建"人类命运共同体"理念写入联合国决议；3 月 17 日，载入联合国安理会决议；3 月 23 日，载入联合国人权理事会决议……

构建"人类命运共同体"体现了中国智慧，承载着中国对建设美好世界的崇高理想和不懈追求，更把全世界人民紧紧联系在一起，与西方个别国家奉行的"霸权主义""美国优先"形成鲜明对比。各国人民只有秉承"人类命运共同体"理念，携手努力，共同担当，同舟共济，共渡难关，世界才会更美好、人民生活才会更幸福。

同样，在一所学校中，学生只有构建起成长共同体，才会共同携手战胜困难、齐心协力共同进步。晏婴小学始终让学生站在中央，积极为学生的发展和成长创设重要情境，让每一个晏婴学子都能成人成才。其中，保证每一个学生都能个性发展、素养提升的主要规则就是学生各类共同体的建设。在共同体中，用学生的光芒映照学生，用学生的能量感染学生，用学生的热情浸润学生，用学生的动力推动学生，从而实现了学生走向共同化的追求，改善了学生发展的状态，提高了教育的效率，具有非同寻常的作用。

基于规则的学生成长共同体构建

《国家中长期教育改革和发展规划纲要（2010—2020 年）》指出："要以学生为主体，以教师为主导，充分发挥学生的主动性，把促进学生健康成长作为学校一切工作的出发点和落脚点。关心每个学生，促进每个学生主动地、生动活泼地发展，尊重教育规律和学生身心发展规律，为每个学生提供适合的教育。"

小学生处于身心成长发展的阶段，需要学校创设小伙伴们一起交往活动的情境（如班集体、学习小组等），在学习、活动、实践中培养协同合作精神，促进人际交往能力的提升。教师要发挥主导作用，依靠评价，发挥学生的自主能力，构建各类成长共同体，让学生生活在各种社团组织之中，学会在集体中生活，学会团结协作，学会过有组织的生活，守护学生健康快乐地发展，更好地促进学生个性发展。

晏婴小学发挥学生主动性，基于规则激发学生成长共同体的团队精神和追求卓越的意识，班级、社团和兴趣小组的每一个成员都意识到，只有把自己置身于一个庞大的群体中，才可以取人之长、补己之短，才能以较少的时间和精力获得更多的知识和技能。

在学生成长共同体建设过程中，学校指导各团队基于规则，立足发展，共同进步，将"团结、和谐、合作、共赢、进步"作为共同体建设的基本原则，构建起了共同发展、相互促进的良好生态。

一、共同体建设，一个学生都不能少

学校作为一个群体组织，是学生学习成长的共同体。学校、班级及各类共同体建设的目的是促进主体的发展，让每一名学生都站在学校的正中央，成为组织建设不可缺少的一部分。尽管共同体的每个成员都存在个性差异，但团队尊重每一个学生、关注每一个学生，建立起共同体内部安全、信任、平等和尊重的文化，让每个成员主动发展、和谐发展。不让一个学生掉队，是共同体建设的基本原则。

【案例】优秀中队，不能没有你

自从一年级组建中队以来，我们中队的队员们一直都把中队当作自己的"家"。作为中队长，我也一直感到很自豪。

为了共同建设好这个大家庭，我们的43个成员相约成为"相亲相爱的一家人"，其中，还有个小故事让我们很难忘呢！

三年级上学期，我们学习课文《可贵的沉默》时，老师说到的"生日"话题引起了大家的兴趣。一下课，大家就开始议论纷纷，你也说，我也说，都是在讲自己过生日的事。陈湘杰还干脆在那里大喊："后天就是我的生日了，我请大家到我家里吃蛋糕！"教室里一下子更热闹了。

这时，我发现教室后面有一个人默默地坐在那里，低着头，一声不吭。杜德俊！我一下子想起来了，他是我们班的留守儿童，父母都到南方打工了，平时跟着爷爷一起生活。他爷爷年纪大了，身体还有病，有时候还需要孙子照顾呢。怪不得一说起过生日，他就不说话了。虽然他没说，但我知道，他的生日和陈湘杰是同一天呢！辅导员唐老师说过，我们是一个中队，就像一家人，大家要相亲相爱，相互帮助。优秀中队，一个都不能少。我该怎么办呢？

放学时，我和陈湘杰一商量，他一下子想出了一个好主意。

星期六是陈湘杰的生日，也是杜德俊的生日。一大早，陈湘杰就预定了一个大蛋糕，然后给我和我们小组的其他同学打电话，相约中午11点见面。

时间到了，我们悄悄来到了杜德俊门前。曹潇晔点燃生日蜡烛，然后我按响了门铃。

"叮铃，叮铃！"杜德俊听到铃声过来开门，"杜德俊，祝你生日快乐！"我们齐声喊道。

他一下子呆住了，他接到我们的电话，以为是来帮他完成作业呢！没想到竟是这么大的惊喜！我看到他吃惊地瞪大了眼睛，好长时间没说出话来，脸上的表情幸福极了！

那一天，我们在杜德俊家里给他和陈湘杰过了一个快乐的生日，大家开开心心的，就像一家人。从此以后，杜德俊在班里表现更积极了，我们中队更和谐更团结了。

二、共同愿景，让共同体成员凝心聚力

在学校，存在行政设置的班级、中队、年级等集体组织，也存在按照学习设置的值日小组、学习小组，还有根据课程设置的社团、兴趣小组等。这些组织，有的是根据教师的安排建立的，有的是学生之间自发形成的。那么，共同体的构建应建立在学生相同或相近的的兴趣、目标上，这样的共同体才会更具生命力、持久力。

【案例】"赶大集"，选课程

按照学校的安排，秋季开学后我们要到操场上"赶大集"选课。一想到这件事，我的心里就感觉痒痒的，恨不得这天快点到来。

这天终于到来了！一大早，我们就接到通知，要到操场上选自己最喜欢的课！

来到操场，这里人山人海，到处都是同学的身影；这里人声鼎沸，开设不同课程的老师围绕操场摆满了一大圈，招生广告满天飞。更主要的是，今后校本课程时间，所有班级的同学不再按照原来的班级上课，完全根据自己的爱好去选课学习。这简直太好了！

"蓝脸的窦尔敦盗御马，红脸的关公战长沙……"咦？这是谁在唱京剧？我过去一看，原来是于老师。她原来是美术老师，开发了《京剧脸谱》课程，她正在用唱戏来引人关注呢！看到很多人都到她那里去了，我在想："我去不去？去？可我不喜欢京剧呀！不去？感觉学会还真不错，老师还说京剧是中华优秀传统文化呢！算了，我还是不去了吧，我要选我更喜欢的。"

我又看到了唐老师在那里展示舞蹈，姿势好优美！足球课程还有一位外教呢，那个黑人外教在那里展示足球的颠球、射门，好酷！拉二胡

的、弹钢琴的、画画的，我都没有动心。突然，我看到有一支队伍排了老长，好多人都在等着报名呢！我过去一看，原来是3D打印课程。这可是我喜欢的！我就喜欢设计制作，特别是听说现在都能打印房屋、枪支，还能打印人体器官呢！我喜欢科技，一直想学习这方面的内容，太好了，就选它！

后来，我的几个小伙伴也选了3D打印课程，我们这些志趣相投的好朋友组建了3D打印社团，参加了好几次比赛，还都获了奖呢！

三、合作共赢，促使共同体成员齐心协力

共同体不同于一般的行政组织，共同体是基于相同利益聚合到一起的组织，但在共同体内部，各个成员之间不是为了各自利益争得你死我活、鱼死网破，而是为了更大利益、更远发展而群策群力，向着更高的目标发展。《学会生存》一书指出："未来的学校必须把教育对象变成自己教育自己的主人。受教育的人必须成为教育他自己的人；别人的教育必须成为这个人自己的教育。"通过团队的发展进步带动个体的发展进步，实现双赢是共同体的特点之一，学生成长共同体更是如此。

【案例】科技比赛让我懂得了合作

市里要举行科技比赛，辅导社团的刘老师找到我说："你的脑子聪明，动手能力强，脑子反应快，这次比赛你也参加吧！"听到老师这么夸奖我，我很高兴，我也参加到了比赛辅导中。

我们小组参加的比赛项目是四驱太阳能小车弯道竞速比赛。比赛需要参赛者动手拆装制作、设计轨道、线路调试、计算时长等多个方面的配合。我当时一看，觉得很简单，心里感觉稳操胜券，对老师的要求、比赛的规则和训练注意事项也没放在心上。

刘老师为了调动我们的积极性，让我们多动脑思考，打算在小组内搞一次模拟演练。这天，他把我们10个人叫到一起说："大家都懂得比赛规则了，咱们分小组比赛一下，看看哪些同学更有实力，好不好？""好！""你们分成三个组，多余的一个人可以加到任意一个组中。"老师扭头看看我，"家瑞要是愿意自己一个组，也可以。""我愿意！"我觉得没什么难的，我打算自己一个人单干。于是，三个比赛小组变成了四个小组。

比赛开始了！强烈的阳光下，大家都在紧张地忙碌着。他们有的拼装、调试，有的设计线路，还有人在做后勤保障。我就一个人，我一下子觉得紧张起来。

比赛规定时间一到，我们都把赛车停放到预定轨道。"开始！"老师一声令下，四辆太阳能小车风驰电掣般飞了出去。

"咦，很奇怪，我的小车速度咋那么慢呢！"我不禁自言自语道。最后成绩一公布，我的成绩最差。我百思不得其解。

刘老师笑呵呵地给我解释道："你看看人家那三个小组的同学做了什么就知道了！人家计算出了路径，就知道了运行的速度；要达到相应的速度，就要安装适合的电机。另外，还有充电、调试等多个工作要做。总之，这个比赛需要集体的智慧，一个人单打独斗是不可能胜利的。"我恍然大悟。

后面的比赛训练中，我服从组长王静鑫的安排，发挥了我的拆装特长和计算优势，在不同场景中保证迅速完成任务，为我们小组夺取了优势。

当我们集体站到领奖台上时，我心里暗暗对自己说："今后，我一定要和同学团结合作，多多交流，争取更好的成绩！"

四、整体评价，引领共同体发展行稳致远

共同体是在学校推动或在学生自发组织下，基于学生共同的目标和兴趣、愿景自愿组成的团体。在学校同一组织架构关系下，并列存在了

多个共同体。如，同一课程的不同学习组织，不同校本课程的不同学习小组，还有班级共同体、家校共同体等。建立共同体一起成长，引领共同体协同发展，需要学校以规则作为评价手段进行制约。

【链接】晏婴小学班级优秀学习共同体评价办法（节选）

为促进各班级学习共同体的和谐发展，形成良好的学习氛围，实现公开、公正、公平地评价各班级学习共同体，经过征集各年级共同体负责人建议，制定本评价办法。

一、评价目的

通过评价各学习共同体的表现，激发共同体内部成员的学习热情，鼓励每一位成员不断提高，促进人人进步。

二、评价原则（略）

三、共同体构建要求

1. 组长轮流制。不以成绩作为标准，成员之间平等、协作、民主、公平，每个成员都有发表意见或建议的权利。

2. 成员构成均衡。班级成立评委会，根据个人组合、班级调配的原则，按照学习基础的好中差进行均匀搭配，保证各学习共同体的均衡。

3. 成员分工明确。检查作业、监督课堂秩序、收作业、布置和批阅作业、小组卫生等有专人负责。

四、共同体评价内容

1. 共同体文化建设。包括各共同体有个性名称、发展愿景、内部分工及评价规则等。

2. 共同体整体表现。主要从学习质量、课堂表现、作业完成、卫生纪律等方面进行评价。

……

五、评价方式：学生自评、组内互评、组际互评、教师点评（内容略）。

学校每周每班评出周智慧共同体和周进步共同体，每月每班评出月智慧共同体和月进步共同体。

对共同体评价实行积分累计晋级制。对于每学期每班表现最优秀的共同体，授予"智慧团队"称号；优秀的共同体成员，除授予"智慧少年"等荣誉称号之外，学校还奖励免费研学、赠书、游览名胜、合影留念等一系列的有益活动。

优秀共同体：助力成长，携手进步

晏婴小学在学生成长共同体的构建、发展中，出现了学习共同体、德育共同体、社区共同体等各类群体组织。不论哪种组织的构建，学校都注重师生之间、生生之间的文化建设，融洽和谐、相互依靠、彼此促进成为了每个共同体的风气，由此也促进了每个学生的健康发展和个性成长，在学校乃至周边产生了很好的辐射效果。

一、兰馨中队：在幸福共同体建设中温馨成长

兰馨中队一直是学校的优秀中队，不管是在学习中，还是在纪律、卫生、习惯等方面，学生都表现出了不一般的素养。兰馨中队的孩子们知书达理、温文尔雅、团结一心、不断追求，走进班级，呈现出的满是生气勃勃的气象，"优秀中队""智慧共同体"的荣誉称号对他们中队来说真是名副其实啊。我们看看发生在这里的故事吧。

【案例1】君子坦荡荡，何须忧孑立?

兰馨中队建组，每组6人，共建8个小组，全班选出了班级中愿意帮助别人、有自律能力的8人担任小组组长。组长确定后，全班遵循自主组合、自由挑选的原则，考虑性别、性格、爱好、学业程度等方面的情况，进行小组组建。

子健是一位勤奋踏实的好组长，自我管理的能力也很强，在全班民主选举时票数遥遥领先。可是他平时话比较少，不是特别活跃，同学们虽然打心眼里佩服他，但是选择小组的时候，却都避开他的小组。子健有些尴尬地自嘲说："我一个人一个组也不错。"正在此时，平时班里的"皮猴子"——最活跃、最喜欢闹腾的淙淦跳出来说："我改选，我选择去子健组。我平时过于活泼好动了，我想像子健一样变得沉稳、大气。这叫性格互补。"听了淙淦的这番话，有几个学生也按捺不住了，悄悄地说："我也选子健组吧，我想变得安静些。"很快，子健组满员了。子健还是像以往一样腼腆地一笑，但是，内心的满足与愉悦却从眼角流露出来。

果然，在子健组长的带领下，他们小组的成员在以后的合作中发挥了各自的优势。在校园文明剧展演中，子健负责剧本，教其他组员进行简单修改和创作；淙淦负责宣传，教其他组员制作海报；林轩负责排练，教其他组员体态、形象……在班级展演中，他们组以优异的成绩独占鳌头，推选到学校展演后，取得了良好的影响和效果。

通过这样异质分组、互相用自己的优势提升其他成员短板的形式，激发了小组成员的积极性，增强了小组成员间的向心力，每个同学都是小组的圆心，也都是小组的半径。渐渐地，小组成员你离不开我、我也离不开你，久而久之，便会成为你中有我、我中有你，促进了每个同学的成长，带动了幸福班级的构建。

【案例2】"老师，我有一份换组宣言"

那天，品学兼优的妍洁同学在班会课上，突然举手站起来说："老师，我想换组。"老师大惑不解："理由是什么？"只见她不慌不忙地拿出一张纸，说："我有一份换组宣言，请老师和同学们审核通过。"她走上讲台，开始宣读她的宣言。

尊敬的班主任老师、亲爱的同学们：

我们班级的宗旨是：让每个学生都成为兰花般馨香满怀的谦谦学子。在建组之初，我们的初衷是让班级的每一位同学都成长为最好的自己，但是，经过这段时间的学习和课堂反馈，我发现，"新竹组"在英语学习上力量相对薄弱，给我们班级和他们小组成员都造成了不利的影响，所以，请大家允许我换组，加入"新竹组"。换组后，我一定在小组合作中分享我的学习方法，与其他小组成员共同进步。请班主任老师和同学们同意我的申请，谢谢！

她刚读完申请，教室里便响起了热烈的掌声，同学们都非常支持和肯定妍洁同学的助人精神。从那天开始，班里的同学开始走出小组内部的互助，形成了班级内小组之间互帮互助的氛围，每个同学、每个小组都体验到了互助的快乐，有了更多收获。

邻座的同学能互相帮助和支持、组长要成为组员的朋友、小组成员之间要互相包容和合作，这些原则促进了小组内同学的合作。同时，小组建立后要遵循一条原则，即经历磨合后小组成员可适时调整。调整的程序为：组员向组长申请，组长向全班同学申请，经许可后进行换组。在整个过程中，学生学会了主动沟通、合理表达，并且能够积极发现其他小组的优势和不足之处，共同促进、共同进步。

【案例3】你的嘉许是我生命中的一道光

今天，是我最开心快乐的一天，因为，我也收获了嘉许。

我们中队每周一次的嘉许活动已经进行了两期，每次嘉许时，我都很忐忑。我是个特别内向的女孩子，课堂上也不太喜欢发言，有时候想说，但是，话到嘴边了，抬头看到老师就又低下头，所以，我不觉得我的小组成员们不嘉许我是一种委屈，我真的没有把自己的一点点优势表现出来，但是，我看着其他同学间的彼此嘉许又是那么羡慕和渴望。

嘉许一开始，"墨梅组"组长首先上台嘉许他眼中的优秀者，我看到，被嘉许的同学们都高兴地合不拢嘴，"会照顾人"、"课堂积极明星"、"书写字迹漂亮"……他的嘉许实事求是，一点也没有夸张，把这些同学身上的闪光点都发现了，他们确实担得起这些赞许。很快就到我们小组了，组长一涵走上讲台，我很担心，如果我这次还没有被嘉许的话，怎么办？就在我低头惭愧的时候，我听到了我的名字。

"思辰，我首先要嘉许你，最近在课堂小组合作中，你的倾听力和记笔记的能力非常强，我们小组好多成员都喜欢看你的笔记呢，所以，你是听课专注最佳人选。"我吃惊地抬起头，看到一涵正微笑着看着我，她的目光里满是真诚和赞许，我脸上火辣辣的，看了一眼老师，崔老师也在微笑着向我点头，眼里满是肯定。接着，我们小组内的其他成员也纷纷发言：

"是的是的，我最喜欢看思辰的笔记，重点非常突出，很清晰。"

"是的呢，看她的笔记就像又听了一次课，很有收获。"

"我从她身上学会了认真和细心。"

……

教室里响起了掌声。看着同学们真诚的目光，我心里有些美滋滋，眼睛湿润了。我想，我在小组内、班级中也有自己的一点长处，我应该像一涵组长一样，把自己懂得的也说出来，更好地分享我的思考，因为，不光我需要他们，有时他们也需要我。

一涵，你的嘉许是我生命中的一道亮光！感谢有你！感谢有你们！！

（选自思辰同学的日记）

这是兰馨班的一个小故事，兰馨班的嘉许活动成为了同伴互助的加油站，每个人用心欣赏同伴的成长，体验付出和助人带来的幸福和快乐，刺激了每个学生闪光点的无限放大，激发了学生的潜能。这种嘉许，并不是表面的夸赞，而是深入学生内心的肯定，每个学生在嘉许中实现了精神超越，也增进了学生间的互助关系，以欣赏和感恩的心态看待身边的同学，互相传递美好的情感，每个同伴都幸福起来。也正是这样的心灵与心灵的交融、灵魂与灵魂的对话，才真正地引发了学生的动力，激发了学生成长的欲望，让学生在彼此的欣赏和感恩中不断往更高处攀行。

二、建设优秀课程学习共同体举例

晏婴小学学生在学校最快乐、最高兴的时光莫过于"快乐星期三"。"快乐星期三"成为学生特长发展和个性优势发展的基地。开设的30多门校本课程，都是在征求学生意见和需求的基础上而设立的。很多有共同爱好和特长的学生跨越级部和班级，重新成立了发展自我的一个临时班级。在这样的课程学习中，学生心目中都保存着一份更强、更好、更丰富的理想，抱团探究和共同进步，他们心中有着相同的目标、相同的追求、相同的理想，所以，每个进入自选课程的人，处处可见我为人人、人人为我的景象。

【案例1】3D打印，原来是这样（节选）

走进3D打印室，教室里正在热烈讨论着，一时找不到老师的影子。

"我来画图吧，我可是素描过了八级了，这样咱们可以节约时间。"戴眼镜的小个子男生自我推荐着，他说话的时候，还在不停地到处看，似乎在用眼睛寻求支持。

"我觉得可以，那我就来寻找合适的材料。"

"我来把打印机测试一下。"

……

同学们形成的自然分工，简洁明了，这是无师课堂吗？仔细观望，史老师就在学生的边上坐着呢，他一直在观望着，面带微笑，偶尔会插上一句话，提醒着什么。

最后一节下课了，这些孩子根本没有放学回家的意识，他们还在探究着。这次，有了讲解者，但不是老师，他正在讲解第二次打印失败的原因，其他同学听得很专注，津津有味。

史老师说："这些孩子，对科学有着极大的热情，都有着为科技奋斗的理想，他们共同的成长愿景和爱好，促进了彼此之间的吸引，形成了强大的磁场，想要阻止他们的学习劲头都很难啊。"

以上是学生活动的一段记录，从这段记录可以看出，晏婴小学的"快乐星期三"的每个课程都为学生的个性发展构建了另外一个更富激情的共同体，他们在这样的课程中充分展示自己的才华和能力，相互之间形成合力和更好的促进，因为他们有着共同的梦想和信念。正因如此，每个学生的发展必定是朝向既定的理想目标的，也一定是发自内心深处的自发和主动地探究、合作、共进。

【案例2】 这是我们最想上的课

2016年12月4日上午，山东省基于课程标准的课程整合研讨会在晏婴小学如火如荼地进行中，与会的专家、领导、老师们正在与刚刚上完课的学生们交流着，看见孩子们脸上洋溢的笑容，看着他们眼神中透露的智慧的光芒，他们被孩子们的神采吸引了。

"你们喜欢上这样的探究课吗？"一位戴眼镜的男老师问。

"喜欢，喜欢！"同学们异口同声地回答。

"你们来听课没法跟我们一起外出体验，我们外出实践的课堂才有意思呢。我们小组经常会在实践现场合作得废寝忘食，也经常为了一个问题几个人联合起来再次去考察和探究，不弄明白决不罢休。"一个胖乎乎的男孩子兴高采烈地说着。

"是的。有一次，我们去马莲台的石海参观，为了弄清楚石海的形成，我和我们小组的同学央求爸妈带我们去了有十几次，不停地搜集资料，询问当地的一些行家，才弄明白，还写了一篇2000多字的考察报告呢。"又一个戴眼镜的小姑娘兴致勃勃地进行补充。

旁边一位女老师不解地问："你们出去了不玩玩吗？还想着要学习呀？"

"一开始我们也贪玩呢。但是随着我们回来之后交流感受，有些小组说的头头是道，那咱们还能甘拜下风吗？当然也要探个究竟了。老师给我们的任务又很有趣，我们愿意分工合作追问个明白，哪还顾得上玩呀？这样的体验活动我们最喜欢，不仅自由、灵活，而且探究得更直接、更深入。"一个瘦高个的男生回答。

听着同学们的感受，看着他们的笑脸，他们表达自如的话语和信心满满的表情深深打动了在场的各位专家和领导。是呀，只要给他们一个他们喜欢的话题、任务，只要有他们彼此之间的合作与分工及相互的鼓励，每个课程都能成为促进孩子发展的共同体平台，有什么可以阻挡学生们探究的脚步呢？

实践证明，基于规则的共同体建设，让一群为了相同发展愿景而奋斗的人走到了一起。共同体为孩子们提供了广阔的平台，让校园成为了孩子们学习的乐园，正是这样的平台和乐园提升了每个孩子的核心素养，造就了一批又一批符合社会需求的人才。

后 记

到今年 9 月，晏婴小学建校十周年。

经过十年的发展，晏婴小学从一所名不见经传的地处临淄城区边缘的普通小学，成长为一所声名远播、人才辈出的名校。《人民教育》《中国教育报》等国家权威报刊多次介绍学校的办学经验，全国名校长、齐鲁名师、特级教师和新时代优秀少年层出不穷，教育教学质量得到社会各界的广泛认可和高度评价。

学校十年的发展，源于学校内部发生的深层变革，也见证了基于现代学校制度建设的高品质学校发展的必经之路。本书的出版，希冀在党中央提出深入推进国家治理体系和治理能力现代化和《中国教育现代化 2035》的背景下，总结学校探索内部治理所取得的成果，查找存在的不足，与时俱进，进一步优化学校治理体系，不断提高学校治理能力现代化水平。

本书的撰写采取了分工负责。具体分工如下：导语部分，孙镜峰；第一章，杨兆军、任佩佩、于媛华；第二章，付玉杰、刘玉圣、房爱翠；第三章，李文强、樊甜甜、于新波；第四章，贾来东、贾霞、崔爱霞。最后，由孙镜峰、李文强对全书进行统稿审核。

本书能够出版，我们要深深感谢十年来为了学校发展积极献计献策的广大师生、家长，感谢社会各界一直以来对晏婴小学的关注、关爱、支持和帮助，感谢上级教育主管部门各级领导多年来对晏婴小学的关心和指导。

中国教育科学研究院的王磊老师对书稿的撰写做了精心指导，在此表示感谢。

"雄关漫道真如铁，而今迈步从头越。"回望过去的十年，展望新的十年，我们将紧密结合"规则立人，课程育人"的办学主张，进一步深入推进现代学校制度建设和学校治理体系、治理能力现代化，全面深化学校课程改革，全面提升学校教育教学质量。

学校治理的探索还有许多需要完善的方面，书中不当之处，敬请批评指正。

孙镜峰

2020 年春于晏婴小学